세상을 바꾸는 힘

법치주의
이 야 기

세 상 을 바 꾸 는 힘

법치주의 이야기

마리아나 발베르데 지음 | 우진하 옮김

≪행성B온다

법이란 무엇인가?

류제성 변호사, '민주사회를 위한 변호사모임' 사무차장

오늘날 법치주의의 위기는 법을 잘 지키는 것, 법을 엄격하게 적용하는 것으로 법치주의를 왜곡하는 일에서 비롯되고 있다. 이렇게 왜곡된 법치주의는 권력자의 효율적인 통치를 위해 유용한 도구로 이용되며, 합법적으로 폭력을 행사할 수 있는 경찰, 검찰 등 권력기관이 전면에 나서게 된다. 현재 존재하는 법이 어떻게 제정되었고 어떤 내용인지는 중요하지 않고 무조건적인 준수와 복종이 강요된다.

그러나 법치주의, 즉 법의 지배는 적법하게 선출된 대표들로 구성된 의회에서 적법한 절차를 거쳐, 헌법에 부합하고 인권을 보장하는 정당한 내용으로 제정된 법률에 의한 통치를 의미한다. 따라서 법치주의는 권력자가 주권자에게 요구하는 것이 아니라 주권자가 주권을 일시적으로 위임한 대리인에게 내리는

준엄한 명령이다.

  법이 존중되어야 하는 이유는 법이 정의를 실현하고 인권을 보장하기 위한 도구이기 때문이다. 우리는 법과 법을 집행하는 자들의 정당성과 공정성에 대해 의심해야 하고 법이 약자와 소수자에 대한 억압의 도구로 전락하지 않도록 항상 감시해야 한다. 법치주의의 위기는 곧 인권과 민주주의의 위기일 수밖에 없다. 진정한 법치주의의 의미를 이해하고 그 본래의 뜻을 회복하여 법치주의의 위기를 타파하는 데 이 책이 더 없이 좋은 길잡이가 되리라 기대한다.

차 례

7장

민주주의와 정의사회 구현

1장

법이란
무엇일까

◇·◇·◇·◇·◇·◇·◇·◇·◇·◇·◇·◇

우리는 법으로부터 벗어날 수 없다.
시장경제 안에서 살고 있는 모든 사람은
하루에도 수십 번씩 먹고사는 문제를 통해
법과 마주치게 되어 있다.

◇·◇·◇·◇·◇·◇·◇·◇·◇·◇·◇

법치 제도는 왜 그토록 중요한 것일까

사람들은 '법'에 대해 전혀 다른 두 가지 방향에서 이야기를 한
다. 어떤 특정한 법을 놓고 그것이 좋은지 나쁜지에 대해 자주
논쟁을 벌이는 것이다. 예를 들면 마리화나를 합법화해야 하는
가, 또는 여성의 낙태 문제를 어느 선까지 허용할 수 있는가에
대한 논쟁들이 바로 그런 예이다. 이런 특정한 사례들이 특정한
국가에서 특정한 시기에 효력을 발휘하게 되면 비로소 하나의
'법'으로 탄생하게 된다. 즉, 구속력을 가지는 법이 실제로 존재
하게 되는 것이다.

하지만 '법'이라는 말은 그보다 더 광범위하고 고차원적인 의
미를 가지고 있다. 지난 수백 년 동안 지구상의 수많은 사람들
은 자신의 조국에서 법치 제도를 지키기 위해 투쟁도 하고 심지
어는 자신의 목숨을 바치는 일도 있었다. 19세기 유럽에서는 프

랑스와 독일, 스페인, 그 밖의 여러 나라들에서 혁명이 끊이질 않았고, 국민은 국왕뿐만 아니라 어느 누구도 법 위에 군림할 수는 없다는 원칙을 세우기 위해 노력해왔다.

좀 더 최근의 사례를 살펴보자. 2008년 6월 파키스탄에서는 수백여 명의 변호사와 판사들이 자신들의 지위와 신체적 안전까지 담보로 내걸고 거리 시위에 나섰다. 그들이 요구한 것은 단 한 가지였다. 특정 법안을 반대했다는 이유로 대통령에 의해 해임된 대법원장 이프티카르 초드리 외 60여 명 판사들의 복직이 그것이다. 그들은 정당한 법의 집행을 위해 자신들의 모든 것을 내걸었던 것이다.

특정한 사안의 법 집행에 대한 이러한 문제는 자주 발생하는 것으로, 그런 일을 반대하거나 지지하기 위해 위험을 무릅쓰려는 국민은 사실상 거의 없다고 해도 과언이 아니다. 하지만 일반적으로 법의 지배, 즉 법치란 절대적으로 엄격해야만 한다. 그렇다면 이 '법치'란 무엇을 의미하는 것일까?

누구도 법 위에 군림할 수 없다

법치 제도에 대한 근본적인 원리는 세월이 흐르면서 조금씩 구체화되어왔다. 절대왕정 시대의 국민은 국왕에게 오직 충성을 해야만 하는 것에 대해 불만이 쌓여갔고 따라서 이런 정치 형태를 바꾸는 막중한 책임은 결국 국민의 몫이 되었다. 다시 말해 이런 책임감이야말로 '법치 제도'라는 개념의 핵심인 것이다.

책임감, 또는 의무감이란 투표권보다도 오래된 정치적 원리이다. 각국의 정부는 공공의 이익을 위해 행동을 취해야 할 의무가 있으며, 또 정책과 직접적인 행동을 통해 국민에게 만족감을 주어야만 한다. 하지만 책임감과 민주주의가 똑같은 의미를 갖는 것은 아니다. 또 법치 제도라는 것이 어떤 특정한 정부의 형태에 의해 규정되는 것도 아니다.

현재 대부분의 선진국이 공화국이라는 정부 형태를 취하고 있는 반면 영국은 여전히 국왕이 지배하는 나라이다. 의회 민주주의를 채택한 몇몇 국가에서는 여러 개의 군소정당들이 연합해서 정부 여당에 대항할 경우 정권이 바뀔 수도 있다. 대통령제를 채택한 국가의 경우에는 대통령의 임기가 끝나면 국민이 직접선거를 통해 정권을 교체하기도 한다. 그러나 중국 공산당 중앙위원회라는 집단 독재체제가 지배하고 있는, 즉 세계에서 가장 인구가 많은 중국에서조차 어느 정도 인민들과의 합의에 의해 정치가 이루어지고 있는 것을 보면, 법치 제도가 가지고 있는 원리에서 책임감이란 여전히 핵심적인 원칙이 된다고 볼 수 있다.

또한 '법치'란 국가의 지배 계층이나 정부 관료들 역시 국민과 마찬가지로 법의 지배를 받고 있음을 의미한다. 즉, 누구도 법 위에 군림할 수는 없다. 앞서 이야기한 파키스탄 변호사들이 거리로 쏟아져 나왔던 근본적인 이유는 세 번의 연임을 위해 헌법을 고치고 싶어 했던 파키스탄의 대통령이 이를 받아들이지 않을 게 분명한 대법원장을 해임했기 때문에 발생한 사건이었다. 이 사건에서 파키스탄의 변호사들이 해임된 대법원장의 편을 들었다는 사실은 어느 누구도, 심지어 국민이 뽑은 대통령조차도 개인의 이익을 위해 사법 제도를 좌지우지할 수 없다는 원칙은 지켜져야 한다는 것을 보여준 증거라고 할 수 있다.

이 법치 제도와 밀접하게 연관이 있는 것이 이른바 미국 법에서 말하는 '법에 의한 평등한 보호'이다. 말하자면 법이란 특정 단체나 개인에게 특혜를 주는 일 없이 누구에게나 공정하고 평등하게 집행되어야 한다는 뜻이다. 1950년대와 1960년대, 인종 차별 정책에 대항해 투쟁했던 미국의 흑인들은 엄밀하게 말하면 바로 이 평등권을 위해 싸운 것이다.

그 당시 미국의 교육국에서는 흑인 학생들의 지위를 격하시켜 백인 학생들과 분리된 별도의 학교에 다니게 했는데, 이는 법에 의한 평등권에 위배되는 것이며 각 주의 입법기관 내에서조차 문제가 된 사안이었다. 당시 의식 있는 변호사들은 이러한 인종분리에 대항하기 위해 미국의 헌법에서 이와 관련된 조항을 찾아내려고 애를 썼다. 그렇지만 당시 미국의 헌법은 노예제도가 완벽하게 합법적이던 시절에 비준된 것이었기 때문에 그 일은 쉽게 풀리지 않았다.

하지만 미국의 변호사들은 여기서 포기하지 않고 다른 나라의 국민이 불공평한 정치와 사법 제도를 공격하는 데 이용했던 '책임감과 공정성'이라는 원칙을 이용해, 법을 개정하는 데 필요한 수의 판사들과 국회의원들을 설득할 수 있었다. 즉, 평등권이란 모든 흑인을 평등하게 대우하자는 의미가 아니라 모든 미국 시민이 평등한 대우를 받아야 한다는 의미라고 설득한 것이다. 이러한 주장의 근본이 되는 원리가 바로 법의 공정성이었다.

법의 공정성이란 일반적으로 모든 사람들을 평등하게 대우하는 것을 의미하지만 공정성이 제대로 적용되기 위해선 때로는 조금 다른 관점으로 볼 필요가 있다. 예를 들어 소득에 따라 세금을 부과하는 것은 모든 국민에게 똑같은 액수의 세금을 부과하는 것보다 더 공정할 수 있는 것이다.

따라서 책임감과 공정성, 그리고 법이 평등하게 적용되기 시작한 이후에 생겨난 누구도 법 위에 군림할 수 없다는 원리, 이세 가지가 법치 제도의 근간을 이루게 된다. 그리고 국가의 권력 남용에 반발하는 국민은 이렇게 추상적으로 보일 수도 있는 원리들로 이루어진 법치 제도의 중요성을 통감하고 있다.

법 자체만으로는 아무것도 이룰 수 없다

인종차별로 유명했던 1960년대의 미국, 그리고 인권유린이 자행되는 2010년대의 파키스탄과 티베트에서도 정의로운 국민은 법치 제도를 지키기 위해 부단한 노력을 했다. 그리고 세계 각국의 정부들도 이런 국민의 반발뿐만 아니라 엠네스티 인터내셔널과 같은 각종 인권단체들이 벌이는 인권유린과 법 질서 파괴 현장에 대한 감시활동에 민감하게 반응하고 있다.

그렇다면 왜 그토록 많은 사람들이 이 법치 제도에 대해 자주 문제를 삼는 것일까? 국가의 불의와 억압이 일상화되고, 또 눈에 띌 만큼 많아지게 되면 사람들은 그것에 대항해 일어서게 된다. 국가 권력을 상대로 개인적인 투쟁을 벌일 필요가 없는 안정된 민주국가의 국민조차 불과 얼마 전까지만 해도 자신들이 살고 있는 나라에서 그러한 불의와 억압이 판쳤다는 사실을 역사를 통해 잘 알고 있다.

서부 개척시대에 미국에서 자행되었던 아메리카 원주민들에 대한 학살과 1960년대까지 유럽 국가들이 과거 자신들의 식민지였던 아프리카나 아시아의 사람들에게 법의 제재를 받지 않고 저질렀던 수많은 악행이 좋은 예이다.

하지만 법치 제도란 때로는 좀 더 개인적이며 감정적인 문제를 건드리기도 한다. 이상적인 사회를 향한 열망은 비단 21세기에만 유행하는 일이 아니며 대부분의 사람들은 부당한 일에 대한 반감뿐만 아니라 자신들이 속한 공동체 안에 존재하는 긍정적인 희망에 의해서도 움직인다.

사실 우리와 같은 보통 사람들은 앞서 언급한 공정성이나 책임감 같은 문제들을 우리가 속해 있는 작은 집단 안에서 경험하는 경우가 더 많다. 즉, 우리가 생활 속에서 만나는 일선 공무원들이나 그 밖의 작은 일들에서 예상치 못한 공정성이나 그 반대의 경우를 경험하는 사례가 있는 것이다.

세계 각국의 많은 국민이 자국의 정부와 정치가들을 불신하고 있음에도 불구하고 여전히 법은 이성적인 존중의 문제가 아니라 뜨거운 열정의 모습으로 우리에게 다가온다. 예를 들어 분쟁지역에 평화유지를 위해 파견되는 병사들은 어느 특정한 정부를 위해 목숨을 거는 것이 아니라 공정성과 책임감의 원칙 아래 목숨을 거는 것이다. 환경보호 법안을 통과시키기 위해 수천 시간씩 투쟁하는 시민은 하나의 특정한 법안을 위해 싸우는 것이 아니다. 그들은 국가가 자국의 국민에 대해 책임의식을 느끼고 환경문제 해결과 같이 다음 세대에 대한 책무를 아우르는 큰 원칙에 대해 책임감을 느끼기를 바라며 이를 위해 투쟁하는 것이다.

이러한 문제들에 있어 법이 중요한 역할을 하고 있다는 사실은 분명하다. 우리는 법으로부터 벗어날 수 없다. 주차 문제에서 전세 계약까지, 그리고 세금이나 불친절한 공무원 문제 등 우리는 늘 법과 부딪히며 살고 있다. 또 시장경제 안에서 살고 있는 사람이라면 누구나 하루에도 수십 번씩 법과 마주치게 되어 있다. 하지만 그런 크고 작은 법들이 실제적으로 우리의 피부에 와 닿을 만큼 가깝게 느껴지지는 않는다. 그래서 세상 사람들은 그런 특정한 법률보다는 더 큰 의미의 법치 제도에 대해 관심을 기울이게 되는 것이다.

이 세상에는 우리의 관심을 끄는 어려운 문제들이 산재해 있다. 그리고 그런 곳에는 법이나 법률적 장치가 필요하다. 지구의 기온변화에서부터 인종차별 문제까지, 어떠한 문제도 해당 정부가 국민에게 책임을 지려 하지 않는다면 제대로 해결될 수 없다. 하지만 국민의 감시가 없다면 정부는 이를 위해서 현재뿐 아니라 미래 세대에까지 적용될 수 있는 공정한 법을 제정하지 않을지도 모른다. 이 때문에 의식있는 국민의 힘이 필요한 것이다.

법의 모순, 법 집행은 왜 폭력적인가

만일 우리가 이러한 법과 법치의 문제를 떠나 법 집행 문제에 대해서만 생각하려 한다면 먼저 이 점을 기억해야 한다. 법은 법 자체만으로는 스스로 해석되거나 집행될 수 없다. 사법 제도는 중력과 같은 자연법칙이 아닌 인간이 만든 것이기 때문에 제대로 돌아가기 위해서는 인간의 개입이 반드시 필요하다.

이러한 인간의 역할은 종종 눈에 띄지 않게 조용히 적용되어 사람들로 하여금 법에 어울리는 적절한 행동을 하게끔 사회적·공동체적 압력을 가한다. 이른바 사회학자들이 말하는 '자율적 사회 규제'인 것이다. 그러나 그럼에도 불구하고 이러한 습관이나 의무를 벗어나 법을 위반하는 사람은 늘 있기 마련이다. 이러한 경우를 대비해 법이 부여한 권위를 가지고 강제로 법을 집행하는 전문가들이 필요하다.

바로 여기서 일종의 모순이 생겨난다. 법이라는 것은 문명화되고 비폭력적인 방법으로 각종 위험과 문제, 폭력을 해결하려는 것인데 법을 집행하는 경찰에게는 수갑과 무력 행위, 전기충격총이 허락되며 심지어 필요에 따라 사람을 죽일 수도 있다. 그리고 법정은 사람들을 강제로 구속시킬 수 있으며 사형을 시킬 수도 있다. 일반적으로 법에 대해 이야기하는 것은 복잡하지 않은 철학적 탐구의 영역이었다. 그러나 이렇듯 보통 사람들이 마주치는 법은 그럴듯하게 만들어놓은 법조문 안에서 지켜야할 것만 지키는 것이 아니라 강제적인 법 집행 문제와 그에 따르는 결과까지 포함된 것이다.

법이란 경찰과 같이 우리에게 익숙한 공무원들에 의해서만 집행되는 것이 아니다. 국가 간에 적용되는 국제법의 집행도 생각해볼 수 있는데, 이 경우 공정성과 실효성 문제에서 많은 위험을 내포하고 있다. 한 국가의 법이 국가와 그 국가에 소속된 국민 간의 문제를 다루는 것이라면 국제법은 국가 간에 발생할 수 있는 특별한 문제들을 다루는 것이기 때문이다. 예를 들어 최근에는 국제법을 통해 자국민을 위협하는 독재자들에 대한 기소나 고발이 많이 이루어지고 있는데, 그런 일들이 모두 공정하고 만족스럽게 진행되는 것은 아니다.

지난 2009년 국제 형사 법정은 수단의 독재자 오마르 알 바쉬르를 전범 및 수단 다르푸르 지역 주민에 대한 비인도적 범죄

혐의로 고발했지만 그는 여전히 권좌를 지키고 있다. 이처럼 과연 한 국가나 여러 국가들의 연합체가 국제법을 이용해 멀리 떨어진 다른 국가의 내정에 간섭할 수 있는지는 명확하지 않다.

사실 이런 경우에 강제적인 법 집행 절차가 없다면 인간의 기본적 권리에 대한 국제연합의 협약이나 국가 사이의 협정을 제대로 적용하기가 어려울 것이다. 17세기 영국의 법학자인 토마스 홉스가 "무력의 뒷받침이 없는 협정이란 그저 말에 불과한 것이다"라고 말한 것처럼 말이다.

그렇다면 법 집행에 있어 무력 행위는 결코 빠질 수 없는 것이란 말인가? 압제와 무력이 법 자체의 핵심이라는 사실은 변호사들과 판사들에 의해 종종 무시되곤 한다. 그들 대부분은 법이야말로 야만스러운 폭력 행위의 반대편에 선 존재라고 생각한다. 이러한 이상주의적인 생각은 법 집행에서 수반되는 폭력성을 무시한 것일 뿐 아니라 대부분 국가의 헌법이 내전과 혁명, 그리고 정복전쟁 같은 폭력적인 대립에서 시작된 것이라는 사실 또한 무시하는 것이다.

법과 폭력은 서로 상반된 것일까?

저명한 독일의 철학자 발터 벤야민은 그의 저서 《역사 철학 논고》에서 법이란 두 종류의 폭력을 기반으로 만들어진다고 주장했다. 식민 지배에 대항하는 혁명과 같이 법을 탄생하게 하는 폭력과 우리가 일상생활에서 접하는 끊임없이 지속되는 폭력, 즉 법의 집행, 이 두 가지이다. 이러한 주장의 근거로 벤야민은 폭력과 법 사이에 숨어 있는 상관관계에 주목했다.

만일 법을 폭력행위와 전혀 상관없는 것으로 잘못 이해한다면 서구의 법은 전통이나 관습의 반대 개념으로도 생각할 수 있을 것이다. 예를 들어 대영제국이 번성할 무렵 영국의 관료들과 선교사들은 아프리카나 아시아 사람들이 전통적인 관습에 지나치게 깊이 사로잡혀 있다고 생각하고 자신들의 근대적인 사법 제도가 그 나라들을 변화시킬 수 있다고 믿었다. 영국인들은 '원주민'들 사이의 사회적 관계를 관장하는 규칙들은 문자로 만들어진 것이 아니기 때문에 진정한 법이 아니라고 간주했고, 그런 규칙을 집행할 특수한 계층도 원주민들 사이에는 없다고 생각했다. 다시 말해 20세기에 접어들 때까지 서구 사람들은 유럽에는 법이, 식민지의 원주민들에게는 전통과 관습만이 존재할 뿐이라고 생각했다.

이런 단순한 이분법은 오랫동안 불변의 진리처럼 여겨져 왔다. 하지만 20세기가 되고 식민지 통치시대가 저물자 이러한 생각에도 변화가 생기기 시작했다. 특히 서구사회의 반대편인 남반구 지역의 사람들에게는 이러한 의문이 생겨나기 시작했다.

'왜 자신들이 살고 있는 공동체의 나이든 사람들은 재판관의 역할을 할 수 없을까?' '왜 마을의 지혜로운 일반인들보다 정식으로 훈련받고 교육받은 판사들이 더 낫다고 생각하는 걸까?' '왜 꼭 문자로 만들어진 법이 필요한 것일까?'

유럽인들이 전통적인 관습보다 문자로 이루어진 법을 더 좋아한다는 사실은 분명하다. 또한 서구에서 생각하는 법은 유럽 중심주의와 도덕적 편견으로 가득 차 있다는 사실 또한 무시할 수 없다. 하지만 남아프리카와 오스트레일리아, 그리고 캐나다의 학자들이나 연구자들은 원주민들이 지켜온 전통적인 관습들, 즉 19세기에 식민지 관료들이 쓸모없다고 치부해버린 것들에 대해 광범위하게 연구하고 있다. 따라서 이 책에서는 좀 더 세계적인 안목으로 유럽중심주의를 벗어난 법과 법 집행 방식에 대해 이야기할 것이다. 예를 들어 강제성을 수반한 법 집행과 경찰력에 대한 이야기를 통해서 우리는 법과 폭력은 서로 상반된 것이라는 오래된 편견에 대해 살펴볼 것이다. 법 집행이 강제적이고 때로는 폭력적이기까지 하다면 그것은 분명 이성적인 법의 정신과는 반대되는 것이기 때문이다. 하지만 그러한 집행 과정은 분명 법의 필수적인 부분이다.

법은 너무나 중요한 것이기 때문에 그저 법률가들의 손에만 맡겨둘 수는 없다. 그리고 법 집행 역시 그저 경찰의 힘에만 의지할 수는 없는 문제이다. 민주주의를 염려하는 국민이라면 법과 법의 집행 과정에 대해서도 알아야 할 필요가 있다.

2장

인간이 아닌
법이 지배하는 사회

◇·◇·◇·◇·◇·◇·◇·◇·◇·◇

우리는 진정 법의 테두리 안에 있는가?
안정된 민주사회의 시민이라 할지라도
언제라도 공권력의 희생양이 될 수 있다.
때로는 비이성적이며 불공정하게 보이더라도 말이다.

◇·◇·◇·◇·◇·◇·◇·◇·◇·◇

법이라는 이름의 또 다른 폭력, 카프카의 심판

세대를 불문하고 법과 관련된 가장 인상 깊은 소설책 한 권을 고른다면 프란츠 카프카Franz Kafka의 《심판》이 아닐까. 이 소설의 주인공 요제프 K는 어느 날 정체를 알 수 없는 경찰들에 의해 체포를 당한다.

요제프는 "왜 내가 체포를 당해야 하는가?"라며 경찰들에게 저항한다. 그러자 경찰은 "우리는 그와 같은 질문에는 답을 할 수가 없다"라고 대꾸한다. 그들은 자신들은 그저 고용된 하급 공무원에 불과하며 큰 톱니바퀴에 딸려 있는 톱니와 같은 존재들이기 때문에 요제프도 그저 자기들을 따라가서 재판이 어떻게 진행되는지를 지켜보며 기다려야 한다고 말한다.

요제프는 자신은 아무것도 잘못한 일이 없다고 반복해서 주장하며 자신이 법의 보호를 받는 시민임을 입증해줄 서류들을 미친 듯이 찾는다. 우리도 어떤 권한을 지닌 당국에 의해 의심을 받게 된다면 요제프와 비슷한 죄의식에 휩싸이게 되겠지만, 어쨌든 당황하는 요제프에게 경찰 중 한 명이 이렇게 이야기한다.

> "내가 아는 바에 의하면 분명 이런 권한을 지닌 당국
> 이 있지만, 나는 그중 가장 낮은 단계만을 알고 있을
> 뿐이다. 사람들 사이에서 자신의 죄를 찾으려고 하지
> 마라. 그들과 엮이는 것 자체가 범죄이다. 법에 그렇
> 게 씌어 있지 않은가. 그리고 바로 그들이 우리 경찰
> 을 보낸 것이다."

요제프는 그들이 말하는 그 전지전능한 법이라는 수수께끼에 대해 궁금해하며 "나는 그런 법은 알지 못한다"라고 말한다.

요제프가 바로 그렇게 말하는 순간, 경찰들은 요제프 K를 자신들이 원하는 대로 엮어맬 수 있었다. 그는 법에 대해서는 아무것도 모른다는 사실을 인정한 것이다. 말하자면 그는 법에 대해서는 아무것도 모르고 있으므로 자신이 알지도 못하는 법을 위반할 수는 없다는 주장을 펼친 것인데, 그들은 "그렇다면 당신에게는 더 나쁜 일이로군"이라고 말하며 그중 한 사람이 다른 경찰에게 이렇게 말한다.

"빌헬름, 이걸 보라고. 이 자는 자신이 법을 전혀 모른다고 말

하면서도 자신은 무죄라고 주장하고 있어."

재판소에서 법에 대한 무지는 정당한 변명이 될 수 없다. 따라서 우리는 모두 소설의 주인공인 요제프 K와 같은 처지에 놓일 수 있는 것이다. 그리고 실제로 법에 관한 한 우리가 놓인 상황은 바로 요제프 K의 처지처럼 잘 이해하기 힘든 것일 수도 있다.

우리는 요제프처럼 알지 못하는 사이에 법을 위반할 수도 있다. 하지만 법의 입장에서 본다면 우리는 법을 잘 알고 있어야만 한다. 그러나 현실적으로 볼 때 우리가 법을 잘 알고 항상 제대로 지키는 것이 과연 가능한 일일까?

법은 정말 정의의 편인가

어린아이들도 물건을 훔치는 것이 법을 위반하는 일이라는 것은 알고 있다. 하지만 훔친다는 것이 어디까지 포함되는 행위인지를 알기란 그리 쉽지 않다.

옆집에서 잔디 깎는 기계를 자주 빌려다 쓰는 사람에 대해 생각해보자. 물론 기계를 빌릴 때는 언제나 주인의 허락을 받는다. 그러나 어느 날 빌리는 기간이 지나치게 길다는 생각을 주인이 하게 된다면? 이 경우에도 빌려다 쓴 행동이 절도죄에 해당하는 것일까?

길가에서 주운 20달러짜리 지폐를 주머니에 슬쩍 집어넣는 사람에 대해서도 생각해보자. 이 경우 영국과 미국의 법에서는 절도에 해당되지 않는다. '줍는 사람이 임자'라는 말은 그저 전해오는 속담이 아니라 바로 법적인 효력이 있는 것이다.

하지만 앞서 이야기한 잔디 깎는 기계의 경우는 상황이 좀 모호하다. 이 문제를 법정으로 가져간다면 판사는 판결을 내리기 전에 양쪽의 의도와 행동에 대한 진술을 면밀하게 청취해야 할 것이다.

우리는 우리 자신이 진정한 법의 테두리 안에 있다고 확신하지 못한 채 살아가고 있다. 부패하지 않은 경찰력이 지켜주는 안정된 민주사회의 시민이라 할지라도 카프카의 주인공 요제프 K가 당한 것처럼 언제라도 공권력의 희생양이 될 수 있다. 비록 그런 공권력이 때로는 비이성적이며 불공정하게 보이더라도 말이다.

물론 예외는 있다. 예를 들어 우연히 얻게 된 소득에 대해 신고를 하지 않아 본의 아니게 소득세를 내지 않을 수도 있는 것이다. 하지만 일단 법의 심판대에 서게 되면 우리는 그저 무력하고 가련하며 불확실한 존재가 되어버리고 만다. 카프카의 소설에서 보여주는 것처럼 법이 언제나 우리 편이라는 건 사실 불가능한 일이다.

우리가 이렇듯 법을 위반하는 존재로 몰릴 수 있으며 그러한 끊임없는 위협이 존재하는 이유는 바로 법이 불완전한 인간에 의해 집행되기 때문이다. 인간의 행위란 편견과 게으름, 무지나 개인적인 호감, 또는 개인적인 그날의 기분, 그리고 다른 여러 가지 이유로 인해 영향을 받게 마련이다.

하지만 법 집행을 컴퓨터에 맡긴다고 해서 문제가 해결되지는 않는다. 인간이 저지르는 수많은 실수들을 살펴보면, 법과 법 집행 사이의 불확실함 밑에 깔려 있는 문제의 핵심은 바로 인간의 삶 자체가 법이 정한 테두리 안에 넣을 수 없을 정도로 복잡하다는 것이다. 따라서 누군가는 물건을 훔치고도 법의 집행을 피해갈 수 있지만 누군가는 정당한 절차를 거쳐 이웃집의 잔디 깎는 기계를 빌리고도 범죄자로 몰릴 수 있다.

이런 특정한 상황들에 대해 일반적인 규칙과 원칙들을 적용하는 일에는 언제나 주관적인 판단이 개입되기 마련이지만, 그래도 전체적으로 보면 합법성에 대한 기본 원칙들은 그런대로 잘 정립되어 있는 편이다. 그런데 이러한 기본 원칙들이 민주국가가 아닌 비민주적이며 인권이 억압당하는 나라의 국민에게 더 잘 알려져 있으니 참으로 아이러니한 일이 아닐 수 없다.

이런 현상이 벌어지는 이유는 사람들이 어려운 상황에 처했을 때 더 절실하게 법치 제도의 필요성을 느끼기 때문이다. 예를 들어 남아메리카에 있는 나라의 국민은 오랫동안 군사독재 정권 아래에서 억압을 당해왔다. 그렇기 때문에 '군대는 민간인 정치가들의 통제를 받아야 한다'는 원칙이 정치가들의 연설에서뿐만 아니라 국민의 삶 속에서도 되풀이해서 논의되는 것이다.

이와 대조적으로 미국과 영국, 그리고 프랑스의 국민들은 자국의 군대를 불필요하게 이라크나 아프가니스탄에 파병하는 사람들이 장군이 아닌 정치가들이라는 사실에 대해 거의 생각조차 못하고 있다.

비록 법의 기본 원칙이 결코 법의 불확실성을 해결할 수는 없지만 그 원칙을 지키는 것은 매우 가치 있는 일이다. 그리고 정부와 입법관계자들 또한 일반 국민에게 적용되는 이러한 규칙과 법을 따라야 한다는 사실을 명심해야 할 것이다.

법과 관련한 혁명적 변화

영어권 사회에서 법치라는 개념은 일반적으로 중세 영국에서
만들어진 '마그나 카르타', 즉 '대헌장'에서 비롯된다. 물론 이
유명한 '대헌장'은 귀족들에 대한 왕의 권력을 제한하는 것이
주된 내용이었다.

1600년대 후반에 일어났던 영국의 명예혁명과 1789년의 프랑
스대혁명으로 인해 유럽 대부분의 국가들과 미국의 권력구조에
는 거대한 변화가 일어났다. 그 이전까지는 국왕이나 국왕을 대
신한 한 명의 총리대신이 일종의 포고령과 선포를 통해 국가를
다스려왔으나, 이때부터 왕과 귀족이 아닌 국민의 대표자들로
구성된 입법기관이 생겨난 것이다.

국왕 또는 총리대신이 내린 포고령은 종종 특정한 상황 아래
에 있는 어떤 집단이나 개인을 겨냥한 경우가 많았다. 예를 들

어 국왕은 국왕이 정한 종교를 따르지 않은 신교도들이나 유대인들을 겨냥하여 포고령을 선포할 수 있었다. 또한 국왕은 반역을 도모한 귀족들의 재산을 압류하고 경제활동을 중단시킬 수 있는 권한을 행사할 수 있었으며, 특정 지역이나 항구도시의 산업활동을 막을 수 있는 권한도 갖고 있었다.

✿ 대헌장(마그나 카르타)

영국인들은 법치로 상징되는 책임감 있고 공정한 정부의 원칙들이 중세 영국에서 탄생한 '대헌장'에서 비롯되었다고 믿고 있다. '대헌장'은 13세기 영국의 귀족들이 당시 국왕이었던 존 왕에게 압력을 가해 만들어진 것이다. '대헌장'은 사법 제도에 기초한 공정한 정부의 원칙들을 제시하고 있다.

제39항 농노가 아닌 자유민은 정당한 국법과 판결에 의해서가 아니라면 같은 신분을 가진 사람에 의해 체포되거나 구금될 수 없으며 가지고 있는 물건을 빼앗기거나 추방당할 수 없다.
제40항 왕을 포함한 그 누구도 정당한 정의와 권리의 행사를 거부하거나 늦출 수 없다.

그렇지만 총 63개항으로 이루어진 '대헌장'의 내용을 살펴보면 '자유민'의 특권과 권위, 재산에 대해서는 언급하고 있지만, 여성과 하층민에 대한 내용은 없으며 특히 귀족들의 권리에 집중되어 있다. 특히 제61항은 이러한 봉건시대의 모습을 잘 드러내고 있다.

제61항 … 왕을 포함한 우리 모두는 이러한 권리를 신으로부터 부여받았다. 이는 우리의 왕국을 더 잘 다스리기 위함이며 왕과 귀족들 사이에 있을 분쟁을 미연에 방지하기 위한 것이다. 우리는 이러한 모든 것들이 영원히 지속되고 향유되기를 바라며 귀족들에게는 다음과 같은 특권

을 하사한다. 귀족들은 자신들의 권리를 지키기 위해 25명의 대표를 선택하여 이 '대헌장'에서 약속한 평화와 자유를 지키고 확인하도록 한다.

이렇게 국왕과 일부 대신이 다스리던 통치체제가 국민의 대표자들에 의해 완전히 뒤바뀌게 된 것이다. 미국은 국민의 선거에 의해 뽑힌 대통령이, 왕정시대를 끝낸 프랑스는 국민에 의해 뽑힌 국회의원들이 정치를 대신하게 되었다. 또한 영국의 경우처럼 선거를 통해 등장한 다수당의 대표가 수상이 되어 국왕으로부터 전권을 위임받아 국가를 이끌어가는 경우도 생겨났다. 즉, 혁명 이후에는 국회나 이와 비슷한 대의 정치집단이 자리를 잡고 이른바 법을 만들어 선포하게 된 것이다.

이로 인해 국민은 불분명한 법의 희생양이 되는 대신 사전에 무엇이 합법이고 불법인지를 알 수 있게 되었다. 그리고 이렇게 탄생한 법에는 특정 집단이나 특정 지역을 겨냥한 이해관계에 관련된 내용이 아니라 광범위하게 적용될 수 있는 일반적인 내용들이 포함되었다. 거기서 더 나아가 이러한 법들은 국민의 대표자인 국회의원들의 토론을 거쳐 공식적으로 의결된 후 효력을 발휘하게 되었던 것이다.

법과 관련된 혁명적인 변화에서 가장 눈에 띄는 것은 프랑스의 나폴레옹이 만든 《나폴레옹 법전》이다. 나폴레옹 자신은 무력으로 프랑스의 권력을 찬탈하고 다른 유럽 국가들을 지배했지만, 이러한 비민주적인 탄생 배경에도 불구하고《나폴레옹 법전》은 오늘날 많은 국가에서 사법 제도의 근간을 이루고 있다.

《나폴레옹 법전》은 유럽뿐만 아니라 아프리카 일부 국가들과 남아메리카 국가들에까지 영향을 미쳤다. 1800년대 초반 유럽에 큰 영향을 미치던 스페인 제국이 몰락한 뒤 미국의 녹립전쟁과 프랑스대혁명에 영향을 받아 세계 여러 나라에서 왕정이 폐지되고 많은 공화국 정부들이 탄생했다.《나폴레옹 법전》은 왕정 이후 등장한 이러한 영어권 밖 국가들의 사법 제도를 이해하는 핵심 열쇠가 된다.

법치 제도에 대해서는 각기 다른 사법 제도의 전통 속에서 각기 다른 뿌리가 언급되고 있지만, 오늘날의 일반적인 관점에서 본다면 그 기본 원칙은 바로 '인간이 아닌 법이 지배하는 정부'이다. 왕과 대통령과 수상을 포함한 어느 누구도 법 위에 군림할 수 없다는 뜻이다. 이 말은 미국의 제2대 대통령인 존 애덤스John Adams가 한 말이기도 하다. 이를 통해 왜 정치 헌금과 뇌물이 오늘날 가장 극악한 정치 범죄로 취급받는지를 알 수 있다.

법의 근간을 해치려는 이러한 시도는 금액의 크기나 그로 인해 실제로 얻는 이익에 상관없이 가장 중대한 범죄로 취급을 받는다. 따라서 정부는 일반적인 원칙에 의해 정부의 역할을 다해야 한다. 즉, 모든 사람들을 똑같이 평등하게 대하는 것이다. 특정 집단이나 개인에게 과도한 영향력을 주는 것은 법과 정치 제도의 근간을 뒤흔드는 일일 뿐 아니라 법치 제도 자체를 해치는 일이다.

공정한 법 제정을 위한 각국 정부의 노력

영국의 수상 토니 블레어는 그의 재임 말기인 2006년과 2007년 사이에 귀족 작위의 수여에 개입을 했다는 의혹으로 정치 경력에 치명타를 입었다. 당시 일부 기업가들이 집권 여당이었던 노동당에 거액의 정치자금을 후원하고 그 대신 귀족의 작위를 얻었다는 것인데, 이 사건은 법치 제도에 대한 심각한 위협으로 간주되었다.

이 사건에 연루된 개개인들은 실제로 누군가에게 뇌물을 제공하지는 않았다. 하지만 '대출' 형식을 빌려 정치자금을 후원했다는 것이 사실로 입증되었다. 사실 이런 행위는 실제로는 형사법을 위반한 것이 아니지만 현직 수상이 정치자금에 대한 약속을 깨뜨렸다는 비난이 일었고, 관습법의 지배를 받는 귀족 작위 수여 문제에 현직 정치가가 관여했다는 사실로 인해 블레어 수상이 사임하게 되는 결정적인 원인을 제공했다.

법치 제도를 처음으로 구체화시킨 나라가 영국이라는 점을 생각해본다면 이런 후세의 추문들은 참으로 얄궂은 일이 아닐 수 없다. 영국은 법을 해치지 않는 범위에서 비민주적이지만 전통적인 제도들을 원만하게 유지해온 나라이다. 영국은 국교회가 있고 형식적이기는 하지만 국왕이 존재하는 나라이며, 귀족들로만 이루어진 상원의원 제도가 있는 나라이다.

영국의 상원은 선거로 뽑히지 않은 귀족들로 이루어진 입법기관으로, 그들은 일반 국민보다 더 큰 권력과 재산을 대대로 물려받는 특권을 부여받는다. 다른 나라 정치제도에도 상원이라는 것이 있기는 하지만 영국의 상원의원들처럼 하나의 입법기관이 귀족 작위를 지닌 갑부들로 이루어진 예는 없다. 그렇기 때문에 영국 상원의 존재와 영국 법치 제도를 서로 조화로운 방향으로 이해하는 것은 매우 힘든 일이다.

아마도 이 때문에 영국에서 새로운 상원을 만들어 공평성이라는 정치적 본질을 유지하려는 시도가 있었는지도 모르겠다. 실제로 토니 블레어 정부는 집권 초기에 이러한 세습 상원의원 지위를 철폐하고 법치 제도에 입각한 새로운 정책을 펼치려는 시도를 한 적이 있다. 입법기관만큼은 부유한 세습 귀족들이 발을 붙일 자리가 없게끔 하려 했던 것이다. 하지만 법치 제도의 관점에서 보자면 집권 말년에 발생한 이러한 추문은 세습 제도보다 나을 것이 없어 보인다.

하지만 이러한 끊임없는 모순들에도 불구하고 누구나 공감할 수 있는 법을 만들기 위한 각국 정부의 노력은 계속되고 있다. 누구에게나 공평하게 적용되는 법 말이다. 물론 오늘날이라고 해서 특정한 회사나 지역에만 영향을 미칠 수 있는 법들이 만들어지지 않는 것은 아니다. 지금 이 시각에도 각국 입법기관들은 이러한 편향된 법들을 계속해서 통과시키고 있다.

그럼에도 법치 제도에 입각한 사법 제도의 핵심은 누구에게나 적용될 수 있는 가장 보편적인 법의 제정이다. 예를 들어 만일 입법기관에서 판매세를 올리는 법안을 통과시킨다고 하더라도 생활에 절대적으로 필요한 상품에 대해서는 예외적인 잣대를 적용해야 할 것이다. 이것이 실제적이면서도 공평한 법이다. 만일 정치 헌금을 많이 내는 기업의 상품에만 세금을 면제해주는 조치를 취한다면 절대왕정시대 국왕의 독단적인 포고령과 다를 것이 없다.

법치 제도의 핵심 요소, 헌법·성문법과 불문법

평등권과 같은 원칙들이야말로 법치 제도를 구성하는 핵심 요소들이다. 하지만 거기에 덧붙여 대부분의 국가에서는 인간이 이끄는 정부가 아닌 법이 이끄는 정부를 위한 또 다른 핵심 요소가 있다. 바로 헌법이다. 헌법이야말로 법 위의 법이다.

헌법의 목적은 법을 만들고 실행하는 정치가나 관료들이 자신들에게 주어진 권한을 남용하거나 정치를 할 때 기본 원칙들을 위반하는 것을 막아주는 것이다. 그러므로 의회에서 어떤 특정한 법안이 통과되거나 대통령에 의해 특별법이 제정될 때는 그러한 것들이 헌법이 정한 테두리를 벗어나지 않는가를 먼저 확인해야 한다. 즉, 문제가 발생할 경우, 대법원이나 헌법재판소에서 합헌 판정을 받을 수 있는지를 먼저 염두에 두어야 한다는 뜻이다.

헌법의 형태와 내용

이 제도에서도 예외적인 형태는 있다. 바로 영국이다. 영국에도 헌법이 있기는 하지만 그것은 성문법이 아닌 불문법으로 정리되어 있다. 즉 문서화되어 있지 않으며 수많은 판례들에 기초한 원칙들이 제시되어 있을 뿐이다.

반면에 미국의 헌법은 세계 최초의 문서화된 성문 헌법으로 각 도시와 주, 그리고 연방정부가 행할 수 있는 법적 조치들의 관계를 문서로 규정하고 있다. 예를 들어 환경운동을 지지하는 어떤 도시의 시장이 상품 포장재에 대해 높은 세금을 부과하기로 결정했을 때, 법원은 이런 행동을 '시장의 권한 밖 행동'으로 규정한다. 상업 활동에 관한 사항은 주정부의 권한 아래에 있으므로 시장이 마음대로 처결할 수 없다는 뜻이다.

이런 점에서 볼 때 미국의 법 제도는 순수하게 기술적인 문제로 읽힌다. 그렇지만 오랜 세월 식민지를 지배해온 바다 건너 영국과 싸워 독립을 얻어낸 미국의 역사를 생각해보면, 법적 관할권의 문제는 법적인 문제 이상의 의미를 지닌다고도 볼 수 있다. 서로 정해진 선을 넘어서는 일 자체가 미국에서는 법치 제도를 깨는 일로 간주되는 것이다.

이렇듯 다양한 형태와 내용을 지니는 헌법이라 할지라도 헌법의 고유 목적은 정부의 지나친 개입에 대항하여 국민의 기본적인 권리를 보호하는 것이다. 이런 점에서 볼 때 미국의 헌법은 최초의 헌법이라는 의미를 넘어 다른 국가들의 모범이 된다. 미국에서는 언론의 자유 같은 문제들이 다른 어느 나라보다도 일찍 그 형태를 갖추었기 때문이다.

헌법에 보장된 국민의 권리로 인해 헌법 자체가 복잡해지는 것은 아니다. 국민 각 개개인의 권리 같은 것들은 이미 잘 알려진 것들이며, 실제로 헌법을 관장하는 헌법재판소에서는 정부의 삼권분립과 고유의 영역을 규정하는 데 더 많은 노력을 하고 있다. 그리고 헌법은 법 위의 법으로 존재하기 때문에 정부가 헌법을 함부로 바꾸지 못하도록 여러 가지 제도적 장치를 마련해놓고 있다. 헌법을 개정하기 위해서는 입법을 담당하는 국회의원들의 단순 과반수가 아닌 재적 의원 3분의 2 이상이 발의안에 찬성해야 하는 것 등이 그런 제도이다.

일반적으로 법치 제도가 가지고 있는 원리를 살펴보면, 헌법은 정권이 바뀔 때마다 개정되는 것이 아니며 가장 기본적이고 신성한 영역으로 간주되어야 한다.

성문법과 관습법

대부분의 국가에서 대의정치와 법치 제도가 잘 이루어지기 위해서는 법의 적용을 판단할 수 있는 판사들의 역할이 중요하며, 올바른 법은 문자로 되어 있는 법이며 입법기관에서 만들어진 것이다. 다시 말해 오늘날 올바른 법이란 바로 성문법을 의미하며, 재판을 주재하는 판사는 누군가의 행동이 입법기관에 의해 만들어져 인쇄된 법전에 비추어볼 때 잘못된 것인지 아닌지를 판결해야 한다는 뜻이다.

가령 아무개 씨가 자신의 건축 사업에 결정적으로 영향력이 있는 관리에게 현금이 든 돈 봉투를 전달했다고 하자. 이 경우 아무개 씨의 행위는 법전에 의해 뇌물공여죄로 인정이 되고 유죄 판결을 받게 된다. 판사가 해야 할 일 중에는 이처럼 법전을 면밀하게 살펴 어떤 행위가 법에 어긋나는지를 판단하는 일이 포함되는데, 이를 대륙법에 의한 재판관할권이라고 한다.

반면 영국과 과거 영국의 식민지에서는 성문법 외에도 관습법으로 알려진 법이 크게 존재하고 있다. 관습법은 재판소의 판결들이 쌓여 이루어진 것인데, 일단 판결이 이루어진 후에도 그 효력을 가지고 있으며 나중에 상급 법원에 의해서도 내용이 바뀌지 않은 것들을 말한다.

컴퓨터에 의해 각종 자료가 전산화되기 전에는 관습법을 연구하기 위해 수백 년간 쌓여온 판결문들을 모두 읽고 살펴봐야만 했다. 하지만 관습법을 살펴보고 그것을 실제로 법 집행에 적용하려는 사이에 판결이 번복되는 일이 잦아지면서 지금은 판결문이 아닌 재판 자체를 연구하는 경우가 더 많아졌다. 전산화 작업에 의해 정리된 자료들은 매일 내용이 새롭게 추가되고,

나중에 판결이 번복된 내용을 빨리 알아볼 수 있는 기능도 갖추고 있다. 따라서 법을 공부하는 학생이나 변호사들은 언제라도 이러한 기능을 이용할 수도 있다.

그러나 이런 기술적인 뒷받침에도 불구하고 관습법을 배우고 적용하는 것은 결코 쉬운 일이 아니다. 개중에는 아주 사소한 판결 하나가 끊이지 않는 논쟁을 불러오는 경우도 있다. 게다가 대륙법 체계를 근간으로 하는 국가에서는 다른 공무원이 되는 것과 마찬가지로 법전을 공부하고 주어진 시험에 합격을 하면 젊은 청년들도 판사가 될 수 있지만, 관습법이 적용되는 국가에서는 오랜 경험을 쌓은 변호사들 중에서 판사임용이 이루어진다.

관습법에서는 방대한 분량의 판결문들을 실제 재판에 적용하기가 어렵다는 것보다는 일반적인 판결을 내릴 수 없다는 것이 더 큰 문제이다. 지금까지의 판례에 따라 변호사가 다양한 변호와 주장을 펼칠 수가 있기 때문이다.

예를 들어 살다가 서로 사이가 나빠진 부부에게 자녀의 양육권에 대한 판결을 내린다고 하자. 이 경우 대륙법 체계에서는 아내에게 자녀를 맡기고 남편은 이따금씩만 자녀들을 만날 수 있게 허락하는 일 같은 법적 원칙에 기초하여 판결이 내려진다. 하지만 관습법 체계에서는 그러한 원칙뿐만 아니라 앞서 내려진 중요한 판례들이 재판정에서 변호사에 의해 인용되고 특정한 상황에 대한 내용이 부각될 수도 있다. 양 부모가 지금껏 아이들에게 쏟아온 시간은 얼마나 되는지, 학교 교육 문제나 기타 문제들은 어떻게 결정했는지, 더 나아가서는 심리학자들이나 다른 전문가들의 견해까지 필요한 경우가 생길 수도 있다.

재판 과정에 영향을 미칠 수 있는 변수는 이 밖에도 또 있다. 남편이 아닌 부인 쪽이 안정적인 수입원을 가지고 있다면 사회적인 관점으로 볼 때 어린 자녀들을 더 잘 양육하기 위해 남편보다는 부인에게 자녀를 맡기는 편이 더 나을 것이다. 그렇지만 이 재판에서 판사가 어머니의 모성애나 그 밖의 사항에 대해서는 언급하지 않고 오직 수입문제를 두고 이 문제를 판결했다면, 나중에 남편이 더 나은 수입원을 가지게 되었을 때 다시 자녀의 양육권을 가져올 수 있을까?

바로 이런 점이 관습법이 가지는 문제이다. 사람들의 행위와 특정한 증인의 신빙성에 기초해서 판결이 내려지는 성문법에서는 이러한 개별적인 요소들까지 다 참작하여 판결을 내릴 필요가 없다. 하지만 그렇다고 해서 대륙법이 더 낫다는 뜻은 아니다. 대륙법 또한 판사의 경험과 역량이 부족할 경우 사법 체계상 비롯되는 일종의 편견이 재판 과정에 영향을 미칠 수도 있다는 문제점이 존재한다. 판사 개개인의 무의식적인 선입견은 완전히 사라지지도 않고 명시적으로 드러나지도 않기 때문이다.

법이 말하는 평등의 원칙과 정치의 문제

여권주의(女權主義)를 지지하는 법학자들은 종교나 관습에서 비롯된 '성'과 '가족'의 관계가 우리가 알고 있는 법에서 큰 비중을 차지하고 있지만 심지어 재판을 진행하는 판사조차도 이러한 성 문제에 대해 깊이 의식하지 못하고 있다고 주장한다.

이러한 문제들은 1980년대 미국과 캐나다에서 먼저 수면 위로 부상하기 시작했다. 배우자에게 폭행과 학대를 당하던 한 여성이 자신을 괴롭혀온 배우자를 살해한 것이 과연 정당방위로 인정될 수 있느냐 하는 문제가 대두되었던 것이다. 이 사건은 문제의 발단이 된 여성이 직접 공격을 당한 상태에서 이루어진 것이 아니었기 때문에 처음에는 단순한 살인 사건으로 재판에 회부되었다.

전통적인 법 해석에서는 '분별력 있는 인간'이라면 이런 상황에서 어떤 행동을 하겠는가에 초점을 맞춰 판결이 내려질 것이다. 하지만 여권주의자 변호사들은 전통적인 법의 기준으로는 오랫동안 학대를 받아온 여성의 입장이 충분히 반영되지 않는다고 주장했다. 남성 배우자가 이 여성에게 도망치면 쫓아가서 살해하겠다고 위협한 경우라면 여자 입장에서는 상대방이 잠들어 있을 때 살해하는 수밖에 다른 방법이 없지 않겠냐는 주장이었다.

분별력 있는 인간의 개념

전통적인 법 해석에서는 이러한 사건을 계획된 살인으로 간주했다. 지금까지의 정당방위는 일반적으로 술집에서의 싸움이라든가 불평등하고 복잡한, 또는 밀접한 인간관계가 없는 두 사람 사이에 발생한 싸움 등에 적용되곤 했기 때문이다.

따라서 위의 사건에서 정당방위를 이유로 무죄 판결을 얻어내기 위해서는 법적 판단 기준을 바꿀 필요가 있었고, 여권주의자 변호사들은 이를 위해 학대당하는 여성 배우자들은 너무나 무기력해서 폭력으로부터 몸을 피하거나 도망칠 여력이 없다는 주장을 펼쳤다. 다시 말해 남자들끼리 부딪히는 술집 싸움과 같은 사건들을 기준으로 해서는 이러한 사건을 정당하게 판결할 수 없다고 주장한 것이다.

이러한 주장은 결국 '분별력 있는 인간'의 개념이 무엇인가에까지 이르게 되었다. 그리고 캐나다와 미국에 있는 몇몇 법원에서는 여권주의자 변호사들의 주장에 동조하면서 다음과 같이 결론을 내렸다. 정당방위에서 이성적인 행동을 운운하는 것은 한쪽 성별에 국한된 이야기이며 '분별력 있는 인간'의 기준은 남자의 기준이라는 것이다. 즉, 이제부터는 '분별력 있는 인간'의 기준이 좀 더 유연해져야 한다는 것이 요지였다. 이러한 견해는 법치 제도의 기본 개념에 도전하는 것이었다. 기존의 개념 대로라면 법은 성별, 인종, 문화에 관계없이 누구에게나 똑같이 적용되어야 하는 것이니 말이다.

여권주의자들은 법에서 이야기하는 평등이라는 개념에 대해서도 의문을 던졌다. 학대받는 여성이 배우자가 잠들어 있는 사이에 그를 죽인 사건은 예전에는 단순한 살인 사건으로 결론지어졌다. 하지만 이제는 그렇게 생각해서는 안 된다는 것이다.

이 문제 역시 문화의 다양성 측면에서 복잡한 질문을 던지고 있다. 분명 어떤 특정한 나라에서는 여성에 대한 폭력행위가 정당화되는 문화가 있기 때문이다. 또 어떤 특정한 문화권에서는 아버지의 자격으로 딸을 사회로부터 격리시키거나 원하는 사람과 결혼하지 못하게 하는 것이 '이성적인' 행동으로 간주되는 경우가 있다.

일부 변호사들은 이런 문화권에 속해 있는 남성들이 자신의 아내나 딸이 전통적인 관습에 위배되는 행위를 하는 장면을 목격했을 때 이성적으로 행동하는 것을 기대할 수 없다고 주장했다. 이른바 '문화적 방어행위'이다. 물론 법정에서 이런 개념이 제대로 받아들여지고 있는 것은 아니다. 하지만 중요한 점은 법에서 이야기하는 평등의 원칙은 명확하게 결론지을 수 없다는 것이다.

관습법과 정치의 문제

성별과 인종, 그리고 문화의 문제는 기본적인 법의 개념과 기준의 측면에서 계속해서 논의되어야 하는 문제이다. 또한 정치적인 문제는 아니라 할지라도 이렇듯 법의 불확실한 측면이 부각된다면, 영어권 국가에서 통용되는 관습법처럼 기존의 견해와 판례를 통해 법적인 결론을 이끌어내는 것이 적절할 수도 있다. 성문법이라고 해서 불확실한 측면이 없는 것은 아니기 때문이다.

예를 들어 과거에 만들어진 법조문으로 현재 일어난 사건을 명확하게 판결한다는 것은 어려운 경우가 많다. 그렇게 본다면 어떤 경우에는 관습법이 성문법보다 판결에서 좀 더 유연한 모습을 보일 수도 있는 것이다. 그렇지만 일반적인 규칙에 따라 만들어진 법조문 대신 이미 내려진 수많은 판례들을 통해 문제를 해결하려는 것은 여전히 많은 문제점을 가지고 있다. 현재의 사건이 과거에 있었던 사건과 어느 정도의 유사성이 있는지를 밝혀내는 일도 그리 쉽지만은 않다.

관습법의 또 다른 문제점은 앞서 이루어진 판례들이 모두 같은 결론을 내리고 있지 않다는 점이다. 상급 법원의 결정은 하급법원의 결정에 우선한다. 하지만 하급법원에서 제대로 결론을 이끌어내지 못했을 경우 모든 문제를 상급 법원에서 정리하고 결론을 내릴 수 있는 것은 아니다. 예를 들어 미국에서는 연방대법원의 결정이 언제나 하급기관인 주법원의 결정보다 우선하지만, 그렇다고 해서 어떤 주에서 내려진 결정이 다른 주에서 일어난 사건의 적절한 선례가 될 수 있을지는 여전히 미지수이다.

법의 적용에 있어 때로는 다른 나라에서의 예외적인 사례가 판결의 기준이 되기도 한다. 미국의 경우를 보면, 1776년 영국으로부터 독립을 한 후에도 영국 법원의 결정이 계속해서 판결의 기준이 된 적이 있다. 지금도 관습법을 적용하고 있는 국가들의 최상위 법원은 각국에서 내려진 판결들을 서로 참조하고 있으며 자국의 사례에 유연하게 적용하고 있다. 예를 들어 이스라엘 대법원에서는 캐나다 대법원의 판례를 따르기도 한다.

반면에 미국에서는 자국의 이익에 따라 이러한 판례들을 소극적으로 적용하고 있다. 일례로 몇몇 변호사들은 미국으로 가기를 희망하는 각국의 난민들이나 쿠바의 미국령 관타나모 수용소에 수감된 죄수들의 인권문제를 위해 국제법이나 외국의 판례를 적용하려 하지만 쉽게 받아들여지지 않고 있는 실정이다. 현재 쿠바에 위치한 미국의 관타나모 수용소에는 2001년 10월부터 미국에 대한 '테러리스트' 혐의를 받고 있는 수백여 명의 외국인들이 수감되어 있다.

물론 미국에서도 외국의 법과 판례가 인정되는 경우가 있다. 2003년 매사추세츠 주 대법원에서는 동성 간의 결혼을 합법으로 인정하는 판결을 내렸다. 이는 캐나다 법원의 판례를 참고한 결정이었다. 미국 법은 캐나다 법처럼 영국 관습법의 영향을 많이 받았기 때문에 미국 법원으로서는 이 문제에 대해 자국의 판례만 고집하기가 어려웠던 것이다. 이런 측면에서 보자면 관습법은 필연적으로 정치적인 측면을 무시할 수 없는 법 체계이다.

성문법 체계에서는 판사들이 특정한 상황에 대해 일반적인 규칙들을 적용할 때 생길 수 있는 어려움을 해결하기 위해 판사들에게 재량권을 주고 있다. 하지만 이럴 경우 판사의 재량권은 법조문의 의미를 해석하는 것뿐만 아니라 어떤 법조문을 판결에 적용해야 하는지에 대해서도 영향을 미칠 수 있다. 그렇게 되면 법적인 해석의 불일치가 확대되는 것과 마찬가지로 정치적인 측면이 부각될 기회도 더 커지는 것이다.

물론 이러한 문제가 있다고 해서 법이 정치의 또 다른 측면일 뿐이라는 의미는 아니다. 대부분의 민주주의 국가에서 사법부는 행정부로부터 독립된 지위를 누리고 있다. 판사들은 법이 제정해놓은 규칙을 따르고 있으며, 그 결과가 정치적 또는 도덕적인 문제를 야기한다 하더라도 순수하게 법을 존중해서 판결을 내린다. 하지만 법정도 때로는 정치적 바람을 피할 수는 없다. 미국의 경우 레이건과 부시 전 대통령은 대통령의 권한을 이용해 대법원 판사들에 보수적 성향을 띠고 있는 인물들을 임명하기도 했으니 말이다.

그렇지만 공정한 법을 적용해서 어느 한쪽으로 치우치지 않는 판결을 내린다는 원칙은 아직도 명백히 살아 있다. 지금도 대다수 국가의 보통 국민은 정부 관리들보다는 법정에서 오히려 정당한 대우를 받을 수 있을 것이라고 생각하고 있으며, 민주화나 서구식 사법 체계와는 거리가 먼 공산당 1당 체제 하의 중국에서조차 국민은 정부가 취하는 정책이나 조치들을 두고 법정에서 맞서 싸우고 있다.

정리하자면, 법이란 정치적 또는 경제적 문제의 영향을 받지 않을 수 없는 사회적 제도이다. 하지만 그렇다고 해서 국민이 따라야 하는 법 체계가 그런 이해관계 앞에 무릎을 꿇어야 하는 것은 아니다.

매일의 일상생활에서 접하는 불법 행위들

우리는 물건을 훔치거나, 다른 사람에게 폭력을 행사하거나, 회사 돈을 횡령하거나, 음주운전 또는 여권이나 비자 없이 해외로 나가는 일 등을 불법 행위라고 생각하며 그런 것들만 피하면 법을 잘 지키는 올바른 시민이라고 생각한다. 그렇지만 법에는 그런 것들만 있는 것이 아니다. 우리가 상상하지 못할 만큼 엄청나게 많은 규칙이 모두 법에 포함되어 있다. 바로 우리가 살고 있는 이 복잡한 세상을 제대로 관리하기 위해서이다.

우리가 살고 있는 세상이 낮게 쌓아 올린 벽돌담뿐만 아니라 셀 수 없이 많은 거대한 건물들로 이루어져 있는 것이라면 그런 건물들을 어디에, 어떻게 쌓아 올리느냐 하는 것을 자세하게 규정한 것이 바로 법과 규칙이라 할 것이다. 그 공간이 다른 사람들과 공유하는 곳이라면 그 규칙들은 더욱 세밀해진다. 예를 들어 술을 마시고 큰 소리로 노래를 부르는 일은 자기 집 안에서라면 용인될 수 있지만 집 밖에서라면 불법 행위가 될 수 있다.

이러한 규칙들은 '개조심'이나 '쓰레기 무단투기 금지' 등과 같이 표지판으로 만들어져 사람들 눈에 잘 띄는 곳에 서 있을 수도 있지만 대부분은 사람들이 잘 알아차리지 못하는 것들이다. 그렇다면 공간과 활동을 제약하는 규칙들은 어떤 것들이 있을까? 캐나다의 밴쿠버 공원에 명시된 규정들을 통해 이러한 예를 한번 살펴보자.

제2항 이 공원에 들어온 사람들은 어느 누구도 돌, 흙, 나무, 덤불숲, 식물, 잔디나 꽃, 또는 어떤 건축물이나 구조물, 담장, 표지판, 의자 등을 훼손하거나 상처를 입히고 파괴해서는 안 된다. 또 연못, 호수, 시냇물, 웅덩이, 샘물이나 우물을 오염시키는 일도 금한다.

제7항 이 공원에 들어온 사람들은 어느 누구도 허가된 행위 외에는 어떤 종류의 놀이도 해서는 안 된다. 따라서 공원에 들어온 사람들은 다음과 같은 일을 할 수 없다.

- 골프를 하거나 골프공을 쳐서는 안 된다.
- 엔진이 부착된 모형 비행기는 어떤 것이라도 날려서는 안 된다.
- 어떤 종류라도 화살을 쏘거나 활쏘기 연습을 해서는 안 된다.
- 공을 가지고 하는 놀이는 모두 금한다.
- 스케이트보드, 롤러스케이트, 일반 스케이트, 또는 이와 비슷한 장비를 사용하는 놀이를 금한다.

이 지역 외에서는 기타 지정된 활동은 허락된다.

3장

정의로운 법은
도덕의 최소한이다

◇·◇·◇·◇·◇·◇·◇·◇·◇·◇

정형화된 성문법의 등장 이후 사법체제가 실제로
정의를 행하는 것인지에 대한 논란이 끊이지 않고 있다.
일단 법을 만들고 집행하는 과정이 하나의 형식으로 굳으면
정의가 제대로 실현될 여지가 크게 줄어든다.

◇·◇·◇·◇·◇·◇·◇·◇·◇·◇

사회적 공감대가 형성되지 않은 법은
실효성이 없다

중국에서는 모두 젓가락으로만 식사를 하고, 유럽에서는 모두 나이프와 포크로만 식사를 한다? 사람들은 일반적으로 이렇게 생각하지만 이런 선입견 속에는 수많은 예외들이 존재한다. 식탁에 나온 음식이 초콜릿이나 빵이라면 사람들은 그냥 손으로 집어 먹지 않겠는가?

정식에 딸려 나오는 수프를 예로 들자면, 유럽의 식당에서는 예외 없이 수프가 제일 먼저 나오지만 중국에서는 식사의 제일 나중에 나오는 경우가 많다. 이런 식사 예절 같은 건 어느 법조문에도 나오지 않지만, 그럼에도 불구하고 예의범절은 일종의 법과 같은 구실을 한다. 부모들은 자녀들에게 식탁 예절을 가르치는 데 많은 시간을 쏟고 있으며, 어느 나라 식당을 가든 먹고

마실 때에 그 지역의 관습을 따르지 않으면 마치 작은 법을 어긴 것처럼 따가운 눈총을 받게 된다.

사회적 규범과 법의 상관관계

인류학자들은 오랫동안 놀라울 정도로 다양한 문화적 차이들을 하나의 '규범'으로 정리하기 위해 애를 써왔다. 이 규범은 비록 법적인 효력을 갖는 규칙은 아니지만 우리의 일상생활에 많은 영향을 미치고 있다. 사실 이러한 규범이나 규칙들은 우리 생활에 너무나 뿌리 깊게 자리 잡고 있어서 자기가 살고 있는 생활권을 벗어나기 전에는 그 실체를 깨닫지 못하는 경우가 많다.

버스를 기다릴 때 어떻게 줄을 서야 하는지, 승강기나 지하철 같은 좁은 장소에서는 어떻게 행동해야 하는지, 개인적으로 느끼는 감정들은 어떻게 예의 바르게 표현해야 하는지 등 매일 마주치는 상황들 속에서 우리 몸에 익은 규칙들은 우리가 실수 없이 행동하고 결정을 내릴 수 있게 해준다. 누군가 우리를 강제로 몰아붙이지 않아도 우리는 이미 정해진 문화적 유형에 따라 '적절한 행동'을 취할 수 있으며 이런 행동의 규칙과 규범들이 딱딱한 법조문들보다 더 효과적인 경우가 많은 것이다.

최근 이러한 생활규범들을 연구해온 인류학자들을 통해 우리는 법이 어떻게 실생활에 적용되는지를 더 잘 이해할 수 있게 되었다. 연구 결과는 아주 엄격하게 적용되는 강력한 사회적 규범의 하나가 법이라는 것을 이해하게 된 국민은 사회적 규범을 깨뜨린 누군가가 적절한 처벌을 받지 않으면 매우 분개한다는 것을 보여준다.

한편 문화적 규범을 배경으로 하지 않은 법의 경우에는 강력한 처벌을 받지 않고 지나치는 경우도 있다. 공공장소에서의 흡연을 예를 들어보자.

흡연이 건강에 치명적이라는 의학적 근거는 1960년대부터 제시되어 의료계는 정치가들로부터 사무실이나 공항, 그리고 식당 같은 공공장소에서의 흡연을 금지시키는 법적 조치들을 이끌어냈다. 하지만 대부분의 사람들은 이러한 법을 대수롭지 않게 어기곤 했다. 그 시절에 흡연은 완전히 허용되는 사회적 행위였던 셈이다.

그러나 1990년대 들어 법과 조례들이 더 엄격하게 적용되면서 실내 공공장소에서의 흡연은 강력하게 금지되었다. 바로 이 시기에 사회적 규범의 잣대가 급격하게 변하기 시작했고 사람들이 이러한 조치에 공감하기 시작하면서 비로소 실제적인 법적 효력을 발휘할 수 있었던 것이다. 최근에는 공공장소에서의 흡연에 대한 대다수 사람들의 인식이 바뀌어서 세계 195개국 중 80여 개국, 41퍼센트에 달하는 국가들이 공공장소에서의 흡연을 금지하고 있다.(2016년 현재 공공장소 흡연을 규제하는 국가는 110개

국에 이른다.—편집자주)

　물론 흡연에 관한 법률이 글자 그대로 철저하게 준수되는 것은 아니다. 하지만 놀라운 것은 사람들이 제복을 착용한 이들에 의한 강제적인 법 집행 없이도 최대한 공공장소에서의 금연이라는 법을 지키고 있다는 점이다. 이는 법에 의한 성과가 아니라 사회적 규범이 변했기 때문에 가능한 일이다.

　이와는 반대로 미국 정부가 1919년 금주법을 시행했을 때의 상황을 한번 살펴보자. 당시 미국 정부는 알코올이 함유된 음료에 대한 전면적인 판매 금지를 골자로 하는 법안을 통과시켰는데, 알코올 음료에 대한 당시의 사회적 규범에는 아무런 변화가 없는 상태였다. 이 법안이 발의되고 통과된 배경에는 여성의 참정권 투쟁이 있었다. 19세기 말과 20세기 초 여성 참정권 운동의 관심은 온통 주류의 제조 및 판매 금지에 있었는데, 이는 남성의 지나친 음주가 가계 소득에 타격을 줄 뿐만 아니라 가정 폭력을 유발하는 주범이 되었기 때문이다. 그러나 사회적인 합의 없이 이러한 목적에 의해 주류 판매를 금지하는 법안을 통과시켰으니 그 법안이 제대로 지켜질 리 없었다.

　일부 사람들은 금주법에 대해 공개적으로 반감을 표시했고 대다수의 국민은 조용히 이 법을 무시하고 위반했다. 불법적으로 수입되고 제조된 알코올 음료가 가정과 불법 술집 등으로 끊임없이 흘러들어 갔다. 결국 정치가들은 사회적 규범을 등에 업지 못한 법은 아무리 강력한 법이라 할지라도 실효성이 없고 문제만 야기할 뿐이라는 사실을 깨닫게 되었다. 이 금주법은 1933년에 폐지되었다.

이처럼 사회적으로 인정받지 못한 법은 법의 효력을 얻지 못한다. 그리고 이렇게 인정받지 못한 법을 강제로 집행하게 되면 국민의 법에 대한 인식 전반에 걸쳐 문제점만 불거지게 되는 것이다.

또 하나의 예를 들어보자. 개발도상국가나 후진국에서는 법으로는 규정되어 있지만 소득세를 납부하는 사람들이 극소수에 불과한 경우가 많다. 대다수의 국민이 국가의 행정 자체를 신뢰하지 못하기 때문에 생기는 현상이다. 물론 선진국에서도 소득세를 제대로 신고하고 납부하지 않는 사람들이 상당히 있다. 하지만 이 경우 법을 어기는 이유는 국가의 행정 시스템을 못 믿기 때문이 아니라 개인적인 법 의식에 관련된 문제일 수 있다. 즉, 세금 문제를 속이는 이유가 강제적인 법 집행 때문이 아니라 개인의 법 의식 때문일 수도 있다는 뜻이다.

다원주의 사회에서의 규범과 법의 문제

사회적 규범과 법 사이의 상관관계는 각기 다른 규범을 지닌 집단들이 모여 사는 사회일수록 더 어려운 문제로 부각된다. 이들

에게는 여전히 규범의 일반적인 적용에 관련된 법을 이끌어내
려는 노력이 필요하다.

21세기 초 프랑스는 국공립학교에서 이슬람 신도들이 자신
들의 전통과 종교에 따라 히잡(머리 가리개)을 쓰는 것을 금지하
는 법안에 대해 지루한 논쟁을 벌였다. 물론 이 법안에서 직접
적으로 이슬람이나 무슬림이라든가 히잡과 같은 특정한 사안
을 언급한 것은 아니다. 법안은 중립적인 관점에서 모든 종교
적 상징물들에 대해 언급을 하고 있었지만, 문제는 무슬림 여
인들과 학생들이 이 법을 자신들을 겨냥한 강제적 법 집행이라
고 생각했다는 데 있다.

다문화주의를 분명하게 포용하고 있는 캐나다에서는 '표현의
자유와 종교의 자유는 기본적인 인권'이라는 헌법의 원칙에 위
배되는 법들은 법정에서 즉시 무효 처분을 내리고 있다. 그러나
프랑스에서는 19세기에 프랑스 교육제도 내에서 독점적인 위치
를 차지하고 있던 가톨릭 교회의 세력을 몰아내기 위해 투쟁해
온 전력이 있는 터라 국가가 국민의 세금으로 운영하는 교육기
관에서 어떤 특정한 종교적인 집단이 자신들의 종교를 표현하
는 행위를 인정할 수 없었다. 그런 일은 대다수 일반 국민들이
믿고 있는 프랑스 공화국의 신념인 '평등'에 위협이 된다고 생
각했기 때문이다.

1789년 프랑스대혁명 이후 프랑스 사람들은 문화적인 규범의

표현과 법치 제도는 상충되는 것이라고 생각해왔다. 보편성의 원칙과 공정하고 질서정연한 평등의식은 민중이 만든 공화국의 정신 안에서 구체화되는 것이지 문화적·종교적인 특정한 규범이 끼어들어서는 안 된다는 것이다.

프랑스에서 일어난 이러한 분쟁은 법과 규범 사이의 관계에 대한 또 다른 견해를 보여주고 있다.

서구인에 의해 철저히 도외시 된 각국의 관습법

법과 문화 사이의 복잡하고도 미묘한 관계는 앞서 살펴보았듯이 법과 사회적 규범 간의 대립으로 비추어지며, 더 나아가서는 법과 관습 사이에 존재하는 차별성으로도 읽힐 수 있는 문제이다.

인간의 권리, 헌법, 그리고 법치 제도 같은 근대적 사법 제도의 핵심 개념들을 정리했던 18세기 후반의 문필가들과 사회 활동가들은 모두 새로운 기행문에 목말라한 인류학 애호가들이었다. 때때로 그들은 유럽의 규범과 법률의 우스꽝스러운 점을 부각시키기 위하여 유럽의 '동방' 여행가들의 관점을 따르는 듯 보이기도 했는데, 그 대표적인 예가 바로 프랑스의 몽테스키외 Baron Montesquieu가 쓴 《페르시아에서 온 편지》이다.

하지만 그들은 자신들이 속한 사회의 절대왕정과 귀족체제의 모순점을 드러내기 위해 동방 여행기나 미국의 '고귀한 야만인들'에 대한 이야기를 써먹기는 했지만 '동방'과 '야만인들'의 사법체제를 자신들의 것으로 받아들이지는 않았다. 유럽인들에게 법이란 순전히 서구적인 문화의 산물이었던 것이다. 그들이 생각하기에 북아메리카 대륙이나 기타 다른 식민지에 사는 야만인들에게는 법이 없었다. 그들에게는 다만 관습만 있을 뿐이었다.

중국과 인도의 관습에 대한 유럽인의 편견

중국과 인도는 법과 관습을 갈라놓는 이러한 유럽식 이분법적 사고에 적지 않은 혼란을 느꼈다. 이 두 국가는 놀랄 만큼 역사가 유구하며 철학적으로도 다양한 문화와 전통을 지니고 있기 때문이다.

게다가 인도의 경우에는 수많은 규칙과 규범들을 실제의 법이 아닌 종교적인 측면에서 논의하는 것이 일반적이었기 때문에, 비종교적인 세속의 법이야말로 진짜 법이라는 서구인들의 주장은 자민족 중심주의적 사고로 보일 수 있었다. 또한 낙태를 금지하고 간통과 동성애를 반대하는 서구의 법이란 전통적인 기독교적 규범이 단지 근대의 법이라는 새로운 옷으로 바꿔 입은 것에 불과하기에 이런 일들은 서구의 위선으로밖에 보이지 않았다.

인도에는 복잡한 관습만 많을 뿐 유럽에서 발전된 법정과 재판이라는 사법체제와 유사한 제도가 하나도 없는 것처럼 보인다. 이 때문에 서구식 관점에서 보는 법이란 존재하지 않는다는 결론을 쉽게 내릴 수도 있다. 하지만 중국의 경우는 다르다. 로마제국이 무너진 이후 오랫동안 유럽 전역이 법과 질서가 없는 무법천지였던 시절에도 중국에는 판사와 관리들이 주재하는 복잡한 사법 제도가 건재했으므로, 동양에서 법과 관습을 나누는 이분법적 사고는 순전히 유럽식의 관점일 뿐이다. 다시 말해, 중국에는 법률이 존재했으며 그것도 모두 성문법이었고 그렇게 만들어진 법은 전문적인 판관들에 의해 면밀히 적용되었으며, 그 판결 결과는 문서로 남겨졌다는 말이다.

하지만 서구인에게 중국의 이런 사법 제도는 소수의 학자들을 제외하고는 누구에게도 중요하게 여겨지지 않았다. 중국 사람들은 '동방의 전제군주들'이 제멋대로 휘두르는 권력 앞에서 고통당하는 가엾은 사람들로 여겨졌고, 군주들은 법치 제도를 따르는 것이 아니라 그저 독단적인 포고령을 남발하는 사람들로 간주되었던 것이다.

이러한 편견은 오늘날까지도 이어지고 있다. 월트 디즈니사의 애니메이션 〈알라딘〉과 〈뮬란〉을 보면 그런 '동방의 전제군주들'에 대한 신화가 다시 확대 재생산되고 있음을 볼 수 있다. 영화 속의 군주들은 자비로운 모습이 보이기는 하나 여전히 관습과 독단적인 결정으로 나라를 다스리고 있다.

문화 개방으로 국가 행정과 관련한 혁신이 반드시 필요한 중국은 부득이하게 새로운 법을 제정하고 국가 행정과 관련하여 관습적인 측면을 줄여갈 수밖에 없다. 여기서 말하는 관습이란 부정적인 뜻을 내포한 것으로 종종 '관습의 포로'라는 말로 표현되기도 한다.

전통과 관습이 문화적으로 풍족하다는 것은 근대의 법 체계라는 입장에서 본다면 싸워서 깨뜨려야 하는 것이었다. 그것은 19세기 제국주의자들뿐만 아니라 오늘날 국제적인 인권변호사들 사이에서도 여전히 유효하다. 19세기와 20세기 대부분에 걸쳐 전통과 관습은 법치 제도를 이행하는 데 방해물로 여겨졌다. 전통과 관습은 여전히 근대화로 가는 길목에서는 잠재적 위협으로 간주되고 있으며 특히 법치 제도를 세우고자 할 때 더욱 심했던 것이다.

하지만 지금은 종교적이든 세속적이든 전통적인 문화를 배경으로 한 대개의 행동들은 귀중한 가치가 있다고 평가하는 것이 일반적인 견해이다. 사실 요즘 시대에는 아프리카 사람들에게 미국 음식을 먹으라고 강권하는 집단은 없다.

또한 만일 존중할 만한 전통을 보유한 중국과 인도 사회를 실제적인 법이 아닌 관습만 가지고 있다는 이유로 '낙후되었다'고 평가한다면, 아예 그런 사회적 규범조차 없는 아프리카와 북아메리카 대륙, 그리고 오스트레일리아의 원주민들은 그보다 못한 민족으로 평가될 수밖에 없을 것이다.

문자화되지 못한 법은 정말 미개한가

종교에 대한 문화적 편견 또한 유럽의 근대 사법체제에 직접적인 영향을 미쳤다. 구약성서에 등장하는 유대인들에게는 지도자 모세가 말한 십계명이, 서구인들에게는 유대·기독교 전통이, 그리고 아랍에서는 그보다 나중에 형성된 무슬림 전통이 문자로 남긴 적절한 법 체계를 형성했고 오늘날까지 문서로 보존되고 있다.

유럽인들은 진짜 믿을 수 있는 종교적 율법은 책이나, 또는 최소한 책을 대신할 만한 서판에서 비롯된다는 편견을 가지고 있으며 세속의 법도 그 진위를 인정받으려면 정식으로 문자화되어 남아 있어야 한다고 믿고 있다. '책으로 남은 종교'만 인정하고 선호하는 문화적인 편견이 유럽의 근대 사법체제에 직접적인 영향을 미친 것이다.

유럽인들은 문자화된 법 체계가 없는 민족들은 실제적인 법 체계를 갖지 못한 것으로 간주해왔다. 또한 부족과 민족의 전통에 따라 문자가 아닌 기억과 암기를 통해 규칙을 승계하고 전력을 다해 그 일을 맡아온 부족의 지도자들은 근대적인 사상과 맞지 않는다는 이유로 백인들에 의해 철저히 도외시되었다.

옳고 그른 것을 판별하는 내용을 기억하고 배우는 일은 누구에 의해 어떤 식으로 이루어졌든 우리가 이 세상과 인류에게 빚지고 있는 임무이다. 그런데 모든 문화에서 이루어져 왔던 이 어렵고도 중요한 임무가 '책'과 '학교'만을 중시하는 유럽인들에 의해 가치가 매겨졌던 것이다.

오스트레일리아와 뉴질랜드, 그리고 캐나다의 법정에서는 이러한 문화적 차이를 이해하고 원주민들의 법을 인정하자는 움직임이 일어나서, 지금은 문자로 남아 있지도 않고 전문적인 판사가 판결하지도 않은 관습에 따른 법들도 인정되는 분위기가 생겨나고 있다. 하지만 아직 10년에서 15년밖에 되지 않은 시점이라 이렇게 인정이 되는 원주민법의 범위는 극히 한정되어 있다.

예를 들어 어떤 범죄 사건에서 원주민이 용의자로 지목되면 그는 우선 백인들의 '일반적인' 법정에서 판결을 받아야 한다. 그런 다음에야 비로소 원주민들의 장로가 앞서 내려진 판결에 관여할 수 있는 식이다. 즉, 백인 이주민의 후손들이 지배하는 대부분의 법정에서의 원주민법은 극히 예외적인 경우에나 적용될 수 있는 참고사항으로 간주되고 있다.

'진정한 그 땅의 법'으로 인식되어야 할 원주민들의 법은 백인들에 의해 외면을 당하고, 원주민들에게 매우 중요한 수렵과 어업을 할 수 있는 권리 역시 현존하는 법 집행기관에서는 중요하게 다루지 않고 있다.

법은 정말 정의를 실현하는가

원주민들의 법은 흑백논리로 가려지는 백인들의 관점에서는 실제적인 법으로서 크게 관심을 끌지 못하고 있다. 그런 법들은 사회적 규범을 바탕으로 하고 있음에도 불구하고 제대로 적용되지 못하고 있다. 원주민들의 법 체계를 연구하는 학자들조차 어떤 부족이 1년 중 어느 시기에 어느 지역에서 사냥을 할 수 있는가 등의 자잘한 내용들에는 크게 신경을 쓰지 않는다. 대신 학자들은 큰 틀에서 모든 세세한 규칙들의 근간을 이루는 일반적인 원칙을 규명하는 데 초점을 맞추고 있으며, 새로운 필요와 새로운 사건에 따라 변화하며 지금까지 이어져 온 규칙과 규범들을 집중적으로 연구하고 있다.

원주민들의 법은 문자로 남아 있지도 않고 일상생활과 관련된 규칙이나 분쟁들을 해결하기 위한 큰 틀의 조약이나 협정 같은 것도 남아 있지 않다. 또한 그러한 규칙을 결정하고 시행하는 전문적인 집단이 원주민 사회에는 존재하지 않았다. 이 때문에 원주민들의 관점에서 법과 정의는 그다지 큰 차이가 없었다.

이와는 대조적으로 서구사회의 법 체계를 살펴보면 법은 항상 정의와는 분리되어 있는 개념이었다. 때때로 법은 정의를 실현하기 위해 존재하는 것처럼 보이기도 한다. 하지만 사실 사법제도는 정의 이외에도 다른 많은 요소들을 염두에 두어야 하는 제도이다.

어떤 악질적인 범죄자를 '정의의 심판대'로 보내자고 하는 말은 결국 법 제도 앞으로 데려가자는 뜻이다. 그러나 수많은 경범죄자들이 감옥에 가게 되는 주요 원인은 벌금을 낼 형편이 못되거나 재판 날짜를 놓쳤거나 애초부터 자신을 제대로 방어하지 못했기 때문인 경우가 많다. 이러한 상황들이 바로 사법 제도의 진실성을 위협하는 것이다.

범죄학자들은 이런 수많은 소소한 범죄자들에게 정의가 제대로 실현되고 있느냐 하는 문제에 대해 오랫동안 논쟁을 벌여왔다. 이런 범죄자들은 가게에서 물건을 훔치거나 범죄에 단순 가담했다는 것이 그 혐의의 대부분이다. 그러나 이들은 엄청난 돈을 횡령한 지능적인 범죄자들이나 아내를 학대하는 남편들보다도 더 오랜 기간을 감옥에서 보내곤 한다.

이런 사소한 범죄들, 즉 알코올 음료를 멀리 해야 하는 일과 같은 집행유예 조건을 위반한 사례들이 서구의 법 체계에서 중범죄로 취급을 받는 이유가 뭘까? 이는 실제적인 해결책을 내놓는 것보다는 사법기관의 권위를 세우려는 의도가 더 크다. 하지만 '법정을 모욕'하는 행위를 중범죄자로 취급하는 일은 적어도 내가 아는 한 원주민 법 체계에서는 있을 수 없는 일이다.

사법기관의 권위를 세우기 위한 법 진행 사례는 여러 곳에서 찾아볼 수 있다. 캐나다 언론사 기자들은 종종 법정모독죄로 기소되어 법정이 요구하는 증거를 내놓지 않는다는 이유로 감옥에 가기도 한다. 북아메리카의 법정에서는 남성 배우자의 학대 행위를 증언하기를 거부하는 여성은 법정모독죄로 기소될 수 있으며 그 형량이 학대를 하는 남성보다 더 큰 경우도 있다. 아이러니한 것은 대다수의 국민이 이러한 사건에 연루된 기자나 학대당하는 여성들을 일반적인 상식에 비추어 진짜 범죄자라고 생각하지 않는다는 것이다.

정형화된 성문법이 등장한 이후로 이러한 사법체제가 실제로 정의를 행하는 것인지에 대해서는 논란이 끊이지 않고 있다. 원주민들의 사회에서는 법과 정의가 같은 것이었다. 이는 법을 집행하는 절차와 규칙에 있어 형식적인 면이 그다지 중요하지 않기 때문이다. 하지만 지금의 사법체제에서는 일단 법을 만들고 집행하는 과정이 하나의 형식으로 굳어버리고 나면 정의가 제대로 실현될 여지가 크게 줄어들고 마는 것이다.

정의와는 거리가 먼 불공정한 법

몇몇 사례들을 살펴보면 법과 정의가 서로 분리되어 있다는 사실이 더욱 분명해진다. 나치 독일이 시행했던 반유대인 법은 누구의 관점에서 보더라도 정의와는 거리가 먼 불공정한 법이었다. 그렇다면 나치 독일이 폭력행사를 통해 유대인들을 위협하지 않고 의회를 통해 법을 제정하고 경찰력을 동원한 이유는 무엇일까.

1938년 독일에서는 반유대인 법이 확대 적용되어 유대인들은 자기 사업을 할 수 없게 되었다. 유대계 독일 철학자 한나 아렌트Hannah Arendt는 훗날 이 사건에 대해 당시 독일에는 의회민주주의를 정부 형태의 근간으로 하는 헌법이 있었으며, 유대인과 다른 민족에 대한 폭력행위를 부추겼던 나치 독일조차도 최소한 1939년까지는 이러한 법 체계를 준수하려 했다고 술회했다. 또 다른 역사가들은 나치 독일 하의 많은 독일인들이 사법 제도는 과할 정도로 존중했으면서도 정의를 실천하는 데는 소홀했다고 지적한다. 당시에는 독일의 공산주의자들만이 나치 독일의 잘못된 법 집행에 대항하는 유일한 세력이었다.

입법 제도에 대한 나치 독일 정권의 권력 남용은 분명 비정상적인 행위였다. 그러나 당시에는 나치 독일 정부에서 시행하는 법률이라면 무조건 올바른 것이라고 믿는 사람들이 분명히, 그것도 아주 많이 존재했다. 그리고 설령 그 법안이 인권을 제한하고 특정집단을 차별하는 것임에 틀림없다 해도 국회에서 통과되었다면 그것은 분명 당시 사회에서 그런 일들을 요구했기 때문일 것이다. 이와 같은 예는 9·11 테러 직후 미국에서도 찾아볼 수 있다.

✿ 법적 불의

1933년 정권을 잡은 나치는 독일계 유대인들에 대한 차별을 공식화하는 법안들을 차례로 통과시켰다. 나치는 법안을 준비하고 의회에서 이를 통과시키는 일에 아주 신중을 기했다. 먼저 유대인들은 공공부문 일자리 및 법 관련 자리에서 해고되었다. 여기에는 대학교수 지위도 포함된다. 1935년 발효된 '뉘른베르크 법령'에 따른 다음 두 가지 예들을 살펴보자.

- 독일인의 혈통과 명예보호법
유대인과 독일 혈통 간의 결혼을 금한다…… 유대인과 독일 혈통 간의 성행위를 금한다…… 유대인은 독일 혈통인 45세 이하의 여성을 가사도우미로 고용할 수 없다……

- 제3제국 시민법 제1호 포고령
유대인은 제3제국의 시민이 될 수 없다.(당시 히틀러가 지배하던 나치 독일은 독일을 제3제국으로 칭했다.) 유대인은 정치적인 문제에 투표권을 행사할 수 없다. 유대인은 공무원을 할 수 없다. 집안에 최소 3대 이내에 순수 유대인 혈통이 있으면 그 집안 사람은 어느 누구라도 유대인으로 간주한다. 또한 조부모가 순수 유대인 혈통인 자, 유대교 공동체에 속한 자, 유대인과 결혼한 자는 모두 유대인으로 간주한다……

2001년 9·11테러 이후 미국의 조지 부시 행정부는 '테러와의 전쟁'이라는 대명제를 앞세워 특정 집단 즉, 정식 미국 시민이 아닌 사람들과 테러리스트로 의심되는 시민들이 가지고 있는 법적 권리를 엄격히 제한했다. 이들은 법치 제도에 따라 정당한 대우를 받을 수 있는 사람들이었지만, 기본적인 헌법 정신에 위배되는 이러한 폭력적인 조치들은 당시의 사회 분위기에 따라 그대로 용인되었다.

정의를 행하는 데 있어 현재의 법 체계는 불완전하다

복잡한 사법 제도보다는 정의를 더 중요하게 여겼던 고대 그리스의 철학자들은 우리가 말하는 정의란 실제로 행하기는 불가능한 것이라는 데 동의했다. 어떤 개인이나 특정 문화집단에 정의를 행사하기 위해서는 다른 누군가에게서 무언가를 빼앗거나 상처를 주는 일이 반드시 수반되어야 한다는 것이다.

예를 들어 미국에서는 흑인 노예의 후손들에게 보상금을 지급하자는 의견이 심심치 않게 등장하고 있다. 하지만 노예제도로 말미암아 벌어졌던 수많은 불의에 대해 실제적으로 보상할 길을 찾는 것은 쉬운 일이 아니다. 국가가 지불하는 금전적 피해보상은 상징적이며 정치적인 목적을 따르는 것일 뿐이다. 현재 우리의 사법 제도는 자동차 사고를 당한 누군가에게 보상을 약속하는 데는 적합하지만 이처럼 거대한 역사적인 문제를 해결하는 데는 적합하지 않다.

게다가 같은 시기, 같은 문화권에 속한 사람들이라 할지라도 항상 정의가 요구하는 일이 행해지기를 바라고 동의하는 것은 아니다. 예를 들어 환경문제를 중시하는 법학자와 철학자들은 쓰레기를 처리할 때 매기는 세금을 결정할 때 정부가 미래 세대까지 염두에 두어야 한다고 주장한다. 그러나 개발도상국가의 정치가들은 생산과 고용을 늘리는 일이 현재 자국의 실정에 가장 중요한 문제이며, 환경에 대한 부담을 생각할 여유가 없다고 말한다. 여기서 법학자나 철학자들이 생각하는 정의란 미래의 인류와 지구를 생각하는 것이며, 정치가들이 생각하는 정의란 발전을 통해 국가 간의 불균형을 줄이는 것이다.

정의란 개인적인 이해관계를 넘어 사람들을 정당하게 대우하며 인류 전체의 환경조건을 개선시키는 것이라는 데 이의를 제기할 사람은 아마 없을 것이다. 하지만 이처럼 특수한 상황에서 정의의 개념은 달라질 수도 있다. 수천 년 전 그리스의 철학자 플라톤이 말했듯이 정의란 항상 토론과 대화의 문제일 뿐인지도 모르겠다.

불의와의 투쟁, 그리고 정의에 가까운 법

독재정권 하의 국민이 법에 복종하는 일은 정의를 행하는 일과는 달리 그 의미가 분명하지 않다. 독재국가일수록 단순히 폭압적인 정치수단을 쓰기보다는 법을 통과시켜서 정치를 합법적으로 보이게 하는 일에 주력하기 때문이다. 20세기 가장 유명한 정의의 대변자 중 한 사람인 남아프리카공화국의 넬슨 만델라Nelson Mandela의 유명한 연설은 바로 이러한 사실을 잘 드러내고 있다.

남아프리카공화국의 인종차별 정책이 잘못된 것이며, 이러한 국가정책에 대해서는 폭력을 수반한 조직적인 저항을 하는 것이 정의로운 일이라고 주장한 만델라는 1963~1964년에 걸친 리보니아 재판에서 27년 형을 선고 받았다. 당시 몇몇 사람들은 만델라가 테러를 조장하고 있다며 비난했다. 그러자 만델라는 연설을 통해 이렇게 대답했다.

"1960년 샤프빌이라는 곳에서 총격사건이 벌어졌습니다. 그 사건으로 인해 국가비상사태가 선포되고 우리 아프리카 민족회의당은 불법단체로 규정되었습니다. 나와 우리 동료들은 신중하게 심사숙고한 끝에 이러한 조치에 따르지 않기로 결정했습니다. 우리 아프리카 사람들은 정부의 일부분이 아니기 때문에 그들이 만들어낸 법을 따를 의무가 없다고 판단했기 때문입니다.

지금까지 있었던 일들을 살펴보면 법정이 옳았을 때도 있고 그렇지 않은 때도 있었습니다. 내가 태업과 파업을 계획했다는 사실을 부인하지는 않지만, 그렇다고 나는 그런 계획들을 아무런 생각 없이 세운 것은 아니며 폭력을 옹호해서 그런 것은 더더욱 아닙니다.

나는 우리를 둘러싸고 있는 정치적 상황에 대한 면밀하고 냉정한 숙고 끝에 그렇게 결정했습니다. 지금의 정치란 무엇입니까? 백인들에 의해 나의 동족들이 억압당하고 착취당하며 학대받아온 것이 아닙니까? 나는 이러한 정부 정책이 우리 아프리카 사람들이 폭력행위를 할 수밖에 없도록 만들었다고 확신합니다. 이러한 폭력적 해결이 아니고서는 아프리카 사람들이 백인들이 지배하는 이른바 그들의 원칙에 대항해 승리를 얻을 수 없다고 생각합니다."

만델라는 1960년대의 남아프리카공화국이라는 특수한 상황 아래서는 오직 폭력을 통해서만 정의를 실현할 수 있다고 믿었다. 국제적인 압력 같은 조치로는 남아프리카공화국의 사법 제도를 필요한 만큼 충분히 바꿀 수 없다고 생각한 것이다.

하지만 20세기 사회정의운동을 대변하는 또 다른 유명 지도자인 인도의 마하트마 간디나 마틴 루터 킹 목사는 폭력은 어떤 식으로도 정당화될 수 없으며, 아무리 그 이유가 타당하다 하더라도 폭력은 그것을 사용하는 사람의 정신을 더럽히고 마음을 부패하게 만든다고 주장했다.

정의의 개념을 둘러싼 일반적인 철학적 문제들과 실제적이면서도 전략적인 의문점들이 이렇듯 심각하게 충돌하는 경우에 우리는 정의와 법의 상관관계는 항상 타협과 논쟁의 여지가 있다고 말하는 편이 더 옳을지도 모른다.

고대 그리스 시대부터 오늘날까지 주도적 위치에 있는 정치적 사상가들은 우리가 우리 자신의 상황에 대해 생각할 수 있고, 또 생각해야 하기 때문에 인간으로서의 가치가 있는 것이라고 말한다. 그러므로 우리는 다른 이들과 더불어 정의의 요구에 대해 어떻게 귀를 기울여야 할지 끊임없이 이야기를 나누어야 하며, 우리의 법을 어떻게 하면 좀 더 정의에 가깝게 만들 수 있는지 논의해야 한다. 물론 완벽한 해결책은 아마 없을 것이라는 그런 생각은 금물이다.

동성애를 철저히 차별하는 수간법의 존속 문제

영국 국왕 헨리 8세는 교회법이 수백 년 동안 효력을 발휘해온 영국을 가톨릭 교회의 지배로부터 독립시켰다. 그런 다음 교회가 아닌 일반 법정에서 도덕적인 문제와 관련된 범죄자들을 기소할 수 있는 새로운 법을 만들었는데, 그중 하나가 1533년에 만들어진 수간법이다.

수간법(獸姦法)이란 쉽게 말해 정상적인 성행위가 아닌 모든 성행위를 금지시키는 법이다. 이 법은 실제로는 가톨릭 교회가 주장하던 원칙과 비슷한 것으로, 여기서 말하는 정상적이지 않은 성행위에는 자위행위나 짐승과의 성행위도 포함된다.

이때부터 영국의 법 체제 안에서는 '자연에 반(反)하는 범죄'라는 항목이 생겨나 남자 동성애자들을 기소하는 데 사용되었다. 엄격하게 따지자면 자위행위를 하는 사람이나 여자 동성애자도 법에 따라 기소대상에 포함되어야 하지만 웬일인지 이런 일은 한 번도 일어나지 않았다. 영국에서 법이 겨냥한 목표는 오직 남성들 사이의 성행위였다.

미국은 많은 주에서 남녀 성별을 불문하고 구강 성행위를 수간법에 적용시켜 처벌대상으로 삼았다. 비록 실제로 법정에 기소되는 일은 없었다 하더라도, 21세기 초까지만 해도 많은 주에서 구강 성행위를 범죄 행위로 간주했던 것이다.

1986년 애틀랜타의 지역 경찰이 다른 범죄 혐의와 관련된 영장을 가지고 마이클 하드윅Michael Hardwick이라는 사람의 침실을 찾아갔을 때 그는 다른 남자와 구강 성행위 중이었다. 그는 즉시 조지아 주 수간법에 의해 기소되었다. 하드윅은 이 사건을 즉시 항소했고 사건은 미국 대법원으로 이송되었다. 조지아 주는 수간법은 본래 성별에 관계없이 적용되는 것이지만 그 대상이 이성애자라면 두 사람 사이에 '비정상적인' 성행위가 있다 하더라도 그 법을 적용하지 않고 있음을 즉시 인정했다. 다른 국가의 법정이었다면 이러한 인정은 법정에서 치명적인 실수가 될 수도 있었겠지만 미국 대법원은 '남자 동성애자 수간법'을 인정했다. 극히 사생활적인 측면이라 할지라도 각 주의 선택에 따라서 이러한 행위가 범죄로 인정될 수도 있었던 것이다. 물론 이러한 수간법을 이미 오래 전에 폐지한 주도 여럿 있었다.

2003년에는 '텍사스 주 대 로렌스'라는 법정 소송이 있었다. 서로 인종이 다른 남자 동성애자 한 쌍이 연루된 사건으로, 미국 대법원은 일반적으로 통용되는 규범이 있다 하더라도 그것이 동성애자들 같은 소수집단을 박해하는 이유가 될 수 없다는 최종 판결을 내린다. 극히 개인적인 공간에서 벌어지는 행위에 대해서는 처벌을 가할 수 없다는 판결이었다. 대법원 판사인 케네디는 다음과 같이 말했다.

"동성 간의 성행위가 주의 법에 의해 범죄로 인정된다면 이는 동성애자들을 공공장소는 물론 개인적인 공간에서조차 차별하게 되는 근거가 될 것이다."

그렇지만 수간법이 폐지된다고 해서 이에 해당되는 사람들이 차별이나 따돌림을 당하지 않을 정당한 권리를 부여받는 것은 아니었다. 남자 동성애자의 경우 사실이 밝혀지면 여전히 직장을 잃게 되는 경우가 비일비재하며, 여전히 미국의 많은 주에서 '결혼보호법Defense of Marrige Act' 같은 법을 채택하고 있기 때문이다.

결혼보호법에 따르면 동성 간 결혼을 허가하는 지역에서 결혼을 한 사람이라도 해당 주에 들어오면 그 결혼은 무효가 될 수 있다. 이는 합법적으로 결혼을 한 사람들은 어디를 가든 그 결혼이

유효하다는 일반적인 법치 제도에 위배된다. 그런 점에서 볼 때 헌법정신에 위배되는 수간법이 폐지되었다고는 하지만 결코 미국의 남녀 동성애자들이 평등한 권리를 되찾았다고 할 수는 없는 것이다.(2015년 미국 연방대법원이 동성 결혼을 법제화하라는 판결을 내림으로써 미국 모든 지역에서 동성 결혼이 인정받게 되었다.─편집자주)

4장

법의 집행과
경찰의 존재

◇·◇·◇·◇·◇·◇·◇·◇·◇

경찰과 일반인의 차이점 중 하나는 범죄 혐의를 받고 있는
사람에게 육체적 힘을 가할 수 있느냐 없느냐일 것이다.
오직 경찰에게만 무력을 사용해 상대를 제압하는 일이 허가된다.

◇·◇·◇·◇·◇·◇·◇·◇·◇

경찰의 상징성이 주는 의미

상식적이고 안정되고 평화로운 국가에서라면 다음과 같은 질문
이 바보스럽게 들릴지도 모르겠다.

'경찰이란 무엇인가?'

'경찰은 과연 어떤 사람들인가?'

이 세상에 경찰이 무엇을 하는 사람인지 모르는 사람도 있을
까? 아마 어린아이들도 경찰이 누구인지는 멀리서도 한눈에 알
아볼 수 있을 것이다.

하지만 가장 안정된 국가에 살고 있는 국민이라 해서 경찰의
실체가 어떤지 정확히 알고 있을까? 그렇다면 사복경찰들은 어
떠한가? 공항의 안전요원들은? 그들 역시 경찰에 속하는 사람
들인가? 세금 문제나 회사의 횡령문제를 조사하는 공무원들은
또 어떠한가? 제복을 차려입은 남자나 여자가 경찰차처럼 보이

는 차에 앉아 순찰을 돌고 있는데 자세히 보니 실제 경찰차와 색깔이나 모양이 조금 달랐다고 한다면 이들은 또 어떤 부류의 사람들일까?

경찰과 유사 직업의 구분

이론적으로 본다면, 또 문자 그대로의 법조문에 따른다면 경찰과 그렇지 않은 사람과의 차이점 중 하나는 범죄 혐의를 받고 있는 사람을 무력을 써서 체포할 수 있느냐 없느냐일 것이다. 거리를 순찰한다든지 교통정리를 하는 일, 범죄증거들을 수집하고 시민의 안전을 확보하는 일 등도 경찰의 업무 중 하나이긴 하지만 이는 다른 유사한 직업의 사람들도 할 수 있는 일들이다.

사설경비업체 직원들도 해당 구역의 순찰을 돌고 있으며 아이들의 등하교 길을 돌봐주는 학부모 안전 도우미들 역시 교통정리를 할 수 있다. 또 많은 경비회사들이 시민들에게 절도와 강도 예방법을 교육하고 있다. 오늘날처럼 범죄 수법이 다양해진 사회에서는 사설탐정에서부터 법의학 조사반에 이르기까지 범죄를 규명하고 피의자를 찾아내는 일을 전담하는 다양한 종류의 직업이 각 분야별로 존재한다.

이처럼 경찰과 유사한 업무를 수행하는 수많은 직업이 있지만 오직 경찰에게만 무력을 사용하여 상대방을 제압하는 일이 허가된다. 물론 경찰 역시 특정한 법을 어겼다는 분명한 증거가 있을 경우에나 가능하지만 말이다.

하지만 현실에서 우리는 경찰이 아닌 그저 보안업무에 종사하는 제복 요원들이나 사설경비업체 직원들이 경찰처럼 무력을 사용하여 상대방을 제압하는 모습을 심심치 않게 목격하게 된다. 예컨대 국경수비대나 공항의 안전요원들이 규정에 어긋난 행동을 하는 시민을 체포하는 것이다. 하지만 이러한 체포행위는 일시적인 것이며 '진짜' 경찰이 나타나면 그들에게 체포한 사람의 신병을 인도해주어야 한다.

영국법 계통의 사법 제도에서는 시민에 대한 체포는 예외적인 사항이라고 명시하고 있다. 하지만 모든 예외사항들이 그렇듯이 실제 상황에서는 경찰과 민간인을 구분 지어주는 이론적인 장벽이 쉽게 무너지고 만다. 예를 들어 사설경비업체 직원의 신고를 받고 현장에 출동한 경찰에게는 '유죄가 확정될 때까지는 무죄'라는 원칙이 쉽게 적용되지 않는다.

이렇듯 대부분의 민주국가에서는 정당한 법 절차를 거쳐 판결이 확정된 후에야 유죄임이 확정되지만 실제현장에서는 그럴 수 없는 경우가 대부분이다. 제복을 착용한 동료라는 관계 속에서 형성된 동료애 덕분에 일반적인 보안요원은 쉽게 경찰이 보여주는 상징성을 뛰어넘는 것이다. 보안요원을 우습게 아는 10대 들치기나 객기 어린 젊은이들이 경찰에 신고하는 것만으로도 겁을 집어먹게 되는 것이다.

경찰력의 남용에 대비하여 일반시민을 보호할 수 있는 가장 안전한 법적 장치는, 범죄가 발생했을 때 경찰 스스로가 먼저 확신할 만한 '이성적이면서 상식적인' 근거를 찾는 것이다. 여기에는 도덕적 또는 사회적 규범을 깨뜨린 일 같은 것은 포함되지 않는다.

그렇지만 거리 순찰업무에 대한 연구 결과를 살펴보면, 사실 순찰업무를 맡은 경찰들은 실제적인 범죄 행위가 아니라 단순히 공공질서를 어지럽히는 사람들에게 업무 초점을 맞추는 경우가 많다. 예컨대 의심스러운 시간에 상점 근처에 나타나는 10대 청소년들은 별다른 행동을 하지 않아도 체포될 수 있다. 특히 나이에 따라 특정 시간에 통행을 제한하는 법이 있는 미국의 도시에서는 이런 일들이 자연스럽게 이루어진다.

'특정한 볼일 없이 배회하는 일'과 '부랑자처럼 방랑하는 일' 같은 모호한 행위에 대한 규정은 이제 더 이상 대다수 민주국가의 형법에는 존재하지 않지만 이와 유사한 법률들은 아직도 많이 남아 있다. 예를 들어 공공장소에서의 음주는 범죄와 관련되었다는 명확한 증거가 없어도 경찰로 하여금 그 상황을 주목하게 만들곤 한다.

공공 및 사설 보안기관의 업무가 경찰의 업무와 상당 부분 겹친다는 점, 제복이 아닌 사복을 입고 활동하는 경찰이 많다는 점, 이와 반대로 경찰이 아니면서도 경찰과 유사한 제복을 입고 일하는 사람들이 많다는 점은 우리에게 혼란을 준다. 그러나 이러한 사실은 결국 무슨 옷을 입느냐가 아니라 이와 관련된 사법 제도 자체가 문제의 핵심이라는 것을 알려준다. 그렇다면 경찰이란 무엇인가라는 문제의 해답은 처음 생각처럼 그렇게 명쾌하지 않다.

누가 법을 지배하는가?

근대의 사법 제도는 개인과 집단을 포함한 민간인들을 폭력과 위협으로부터 보호하는 데 그 의미가 있다. 그래서 대다수의 민주국가는 사법 제도를 통해 국가로부터 인정을 받은 기관만이 엄격하게 제한된 상황 하에서만 국민에게 강압적인 무력을 사용할 수 있도록 하고 있다.

국가기관에 의한 물리적인 무력 사용은 극히 민감한 문제로, 고발을 당하거나 일정 부분 혐의가 있는 사람이라 할지라도 완전한 유죄판결이 나기 전까지는 법적인 보호를 받을 수 있는 권리가 있다. 이를 두고 독일의 사회학자 막스 베버Max Weber는 국가란 "폭력을 합법적으로 휘두를 수 있는 유일무이한 존재"라고 정의내린 바 있다.

사람들은 사실 상당히 복잡한 과정을 거쳐야만 자신의 자유를 억압당하게 된다. 경찰이 무력을 행사할 경우 그에 따른 정당한 근거가 있어야 하는 것도 그 복잡한 과정 중의 하나이다. 국가가 사용하는 무력이나 폭력 행위는 그 한계와 정당성이 분명히 정해져 있다는 점에서 기타 일반인들의 폭력 행위와는 명확히 구분되는 것이다.

경찰의 신뢰와 법 권위의 추락이 가져오는 결과

반면 조직폭력배나 성매매 업소의 포주, 그리고 불법적인 착취를 하는 위치에 있는 개인들은 '개인적인 사법 제도'를 아주 오랫동안 유지해오고 있다. 그럼에도 불구하고 시카고 남부의 가난한 지역이나 마피아가 지배하는 미국, 또는 이탈리아의 일부 지역에 사람들조차도 법이란 무엇이며 누가 법을 지배하고 있는지에 대해 아무도 의문을 제기하지 않고 있다. 이는 법을 집행하는 경찰들을 믿지 못하게 되고 법 자체의 권위가 땅에 떨어졌기 때문이다. 이런 곳에 살고 있는 사람들은 국가의 폭력이 비합법적이고 통제불능이며 조직폭력배들의 그것과 다를 바 없다고 생각을 하고 있다.

지난 수십 년 동안 남아메리카의 콜롬비아는 사법 제도와 법이 전혀 통하지 않는 나라로 악명이 높았다. 수많은 비정규 유격대들이나 준군사조직들이 도심 외각의 다양한 지역들을 장악하고 군림했으며, 여기에 공식적인 국가 권력이 개입할 수 있는 여지는 거의 없었다. 최근 들어서는 준군사조직이나 민병대들의 숫자가 더 증가하고 있는데, 군대와 경찰에서 이러한 군사조직들이 저지르는 불법 행위들을 눈감아주고 있다는 소문이 떠돌고 있다. 이러한 준군사조직들이 콜롬비아 경찰도 하기 힘든 전략과 전술을 써서 반정부 성향의 좌익 비정규 유격대들을 제압해나가고 있기 때문이다.

콜롬비아는 다른 남아메리카의 국가들과 마찬가지로 군사독재정치에서 민주화로 가는 과정을 겪으며 폭력과 범죄가 기하급수적으로 늘어났다. 그 과정에서 무장단체와 같은 준군사조직이 생겨나게 되었는데, 이들 준군사조직들을 지탱해주는 것은 콜롬비아에서 벌어지고 있는 거액의 마약 거래이다. 이들은 노선이 복잡하고 변화무쌍해서 그 유형을 구분해내는 일이 정치적인 관점이나 탁상공론만으로는 불가능하다. 콜롬비아가 이렇게 된 것은 좌우를 가르는 이념 때문이다. 그리고 이것은 지난 수십 년간 남아메리카의 다른 국가들이 범죄의 그늘에서 벗어나지 못하고 있는 이유이기도 하다.

콜롬비아와 아르헨티나, 그리고 엘살바도르나 과테말라의 국민은 이제 더 이상 국가의 비밀경찰이 저지르는 체포와 구금, 고문을 두려워할 필요가 없어졌다. 하지만 그 대신 이번에는 크고 작은 범죄단체들이 생겨나 부패한 경찰들과 손을 잡고 국민을 끝없는 공포로 몰아넣고 있다. 예를 들어 아르헨티나의 수도 부에노스아이레스 도심의 치안을 맡고 있는 연방 경찰은 괜찮은 평판을 유지하고 있지만 수도를 둘러싼 외곽 지역은 사정이 다르다. 600만 명이 넘는 인구가 살고 있는 이 거대한 지역에서는 2002년에 불어닥친 극심한 경제위기의 여파로 곤궁해진 경찰들이 몸값을 노린 납치행위에 연루되는 경우가 종종 발생한다. 군사독재정치 시대가 저물고 그와 관련된 무장단체들의 전쟁이 종식되었지만 그것이 중앙아메리카와 남아메리카 지역에 평화를 가져다준 것은 아니었다.

폭력범죄와 몸값을 노린 경제범죄가 남아메리카 대륙을 좀먹어갈 때 고통을 당하는 건 그곳에 살고 있는 국민뿐이다. 유격대며 준군사조직들은 끊임없는 공포를 이용해 자신들이 장악하고 있는 지역에서 폭력을 행사하며, 도둑과 마약중독자들, 그리고 성도착자들과 같은 자신들이 인정하기 싫은 집단의 사람들을 별다른 재판 과정도 없이 학살하고 있다. 이것은 세계에서 가장 높은 살인 사건 비율만 봐도 알 수 있다.

콜롬비아는 법을 지배하고 집행하는 사람이 누구인가 하는 처음의 질문에 대한 답을 찾기에는 적당한 나라가 아닐지도 모른다. 그렇지만 하루하루 진짜 정보와 소문들을 가려내면서 간신히 살아가고 있는 국민이라면, 그래서 누가 자기들 편이고 누가 그렇지 않은지 정확하게 구분해내야만 목숨을 연명할 수 있는 사람들이라면, 평화로운 국가에 살며 학교에서 범죄학이나 공부하는 학생들보다 법과 질서, 그리고 경찰 제도에 대해 훨씬 더 많은 것을 알고 있지 않을까?

콜롬비아는 이렇듯 법과 질서, 그리고 경찰 제도를 공부하는 사람들에게는 아주 유명한 나라이다. 끊임없이 지속되고 있는 경찰의 부패 문제와 민간인들에 의한 군사력의 남용, 그리고 취약한 민주정치 제도는 콜롬비아는 물론 대부분의 남미 국가들을 코카인을 비롯한 마약 거래로 막대한 수익을 남기는 중개지로 만들었고 '마약과의 전쟁'이라는 미명 하에 미국의 지속적인 내정간섭을 불러왔다. 콜롬비아의 문제는 법의 권위가 취약하다는 수준의 것이 아니다. 콜롬비아에서는 사실상 무력의 사용 자체가 적법한 것인지 아닌지에 대한 구분조차 불가능한 것이다.

무법지대에서 점령군이 경찰을 대신하는 현상

저명한 인류학자인 마이클 터우시그Michael Taussig는 1960년대 후반부터 정기적으로 콜롬비아를 방문했고 자신의 저서《무법지대에서의 법Law in a Lawless Land》을 통해 전쟁으로 폐허가 된 국가에 사는 불행한 국민들이 겪는 지옥 같은 어려움을 묘사했다. 2001년 터우시그는 자신이 수십 년간 알고 있던 어느 마을을 준군사조직 하나가 점령하는 것을 목격했고 그 경험은 책 내용의 바탕이 되었다.

동정심에 충만한 기자들과 국제적인 인권운동가들이 쓰고 발표하는 글들을 보면 비정규 유격대와 기타 군사조직들이 마약 시장을 지배하기 위해 서로 어떻게 싸우고 있는지 자세히 쓰여 있다. 이들은 국민들이 자신들을 억압하는 부당한 공포에 대항할 엄두를 못 내는 것은 순전한 공포심 때문이라고 밝히고 있다. 이때의 국민은 공포에 질린 희생자의 모습 자체인데, 국민을 그런 상황으로 내몰고 있는 것은 '법과 질서'라는 껍데기를 뒤집어쓰고 있는 기만과 위선이라는 것이다.

하지만 터우시그는 자신이 목격했던 마을에서 좌파 정치에 동정심을 느끼는 많은 주민들이 그저 단순한 희생자들만은 아니라는 사실을 곧 깨닫게 되었다. 그들은 때로는 자신들의 마을에 쳐들어온 군사조직들을 지지했으며 때로는 그들이 '마음에 들지 않는' 마을과 촌락들을 '청소'해준다며 찬양을 하기도 했다. 국민이 사실상의 폭력집단과 살인자들에 대해 예상치 못한 지지를 하는 주된 이유는 지역 경찰들이 일상생활에서 발생하는 각종 범죄와 폭력에 대해 사람들을 전혀 보호해주지 못하기 때문이다.

터우시그는 더 이상 쓸모없어진 감옥에 대한 글과 지역 경찰 경감이라는 한 남자가 범죄만 제외하고 다른 모든 일에 관여하는 상황에 대한 글도 썼다. 그는 이렇게 치안이 부재한 상태에서 우익 성향의 준군사조직들이 경찰을 대신해 이런저런 범죄들을 소탕해주고 있으니 당연히 국민의 지지를 받는 것이라고 설명했다.

세계에서 코카인 생산이 가장 활발하게 이루어지는 지역인 칼리 근처의 한 작은 마을에서는 준군사조직이 마을을 실제로 점령하기 전에 면밀한 조사 과정을 거치는데, 예를 들면 처형을 해야 할 사람들의 이름을 마을의 벽에 붙여 주민들의 반응을 떠보는 것이다.

이때 명단에 오른 사람들은 준군사조직들이 주 목표로 삼는 좌익운동가들이 아니라 각종 폭력 범죄로 악명이 높은 젊은이들의 이름이다. 한 벽보에는 이런 말이 씌어 있었다.

"국가의 사법 제도가 마을을 청소하지 못한다면
우리가 직접 하겠다."

벽보에 씌어 있는 이름 밑에는 별명이나 자세한 인적사항들이 적혀 있었는데, 이는 마치 군사조직들이 지역에서 발생하는 범죄에 대한 정보를 수집하고 조사하고 있다는 사실을 강조하는 것 같았다.

이렇게 이름이 나붙은 사람들 중 일부는 즉시 마을을 떠났고,

일주일 뒤 마을에는 새로운 벽보가 나붙었다.

"벽보에 이름이 붙은 아들이나 딸들을 가진 부모는
자식들을 보호하려 애쓰지 말고 잘 가르쳐서 부모의
의무를 게을리 하지 않도록 하라. 그자들에게 강도질
과 도둑질을 하거나 심지어는 마을의 선량한 사람들
을 죽일 권리가 있는가?"

그러고는 또 다른 처형자 목록이 나붙는 것이다. 이번에는 폭
력 범죄자들의 이름이 아닌 마을의 부패한 관리들과 악명 높은
마약 밀매꾼들의 이름이 적혀 있었다. 범죄자들에 대한 마을의
공포심을 이용했으니 이번에는 부패한 관리들의 이름을 들먹거
림으로써 사람들의 분노를 이끌어내는 것이다. 이러한 협박이
계속되는 동안, 정작 협박의 주체들은 모습을 드러내지 않는다.
그저 상황이 어떻게 돌아가는지 지켜볼 뿐이다.

이런 일이 반복되게 되면 벽보에 나붙은 이름들에 대해 의논
하기 위해 마을회의가 소집되는데, 이럴 경우 대부분의 마을 사
람들은 그런 벽보를 붙인 것이 경찰의 소행이라고 의심한다. 하
지만 회의에 참석한 경찰은 자신들은 합법적인 활동만 한다면
서 법의 영역을 벗어난 폭력은 어떠한 형태로든 용인할 수 없다
고 항변한다. 자신들이야말로 마을의 선량한 시민들과 폭력의

혼란을 막아주는 최후의 보루라는 것이다.

하지만 사람들은 이미 경찰을 믿지 않은 지 오래다. 아주 오랫동안 이곳의 경찰들은 선량한 시민의 보호자가 아니라 자신들의 안위만 걱정하는 무리였던 것이다. 그들은 마을 한가운데 안전한 요새 비슷한 곳에서 지내며 아주 이따금씩 밖으로 나오는데, 그렇게 한 번씩 나올 때도 둘 또는 셋씩 무리 지어 다니며 대부분 경찰차를 이용한다. 즉, 이미 경찰은 범죄 문제에 깊이 개입하기를 꺼리며 지역의 군사조직이든 정치가들이든 어느 편에도 서려 하지 않는 것처럼 보였다.

사실 경찰들은 무장단체들을 두려워했다. 무장단체들이 마을 안에 이미 자신들의 거점을 마련해놓고 마을 전체를 자기들 입맛대로 주무르기 때문이다. 게다가 경찰은 지역 주민들의 신뢰조차 잃은 상태이다. 이런 상황이기 때문에 마을에 붙은 벽보가 경찰 자신들과는 상관없는 일이라고 항변을 해도 아무도 귀를 기울이지 않는 것이다.

터우시그가 근처의 다른 마을에 갔을 때 그는 경찰서가 병원 바로 옆에 붙어 있는 모습을 보고 의아해했다. 마을 사람들은 그런 그에게 근처에 하나뿐인 의료시설을 무장단체들이 공격하지는 않을 거라는 경찰의 기대 때문이라고 했다. 의료시설이 파괴되면 군사조직원들이나 무장단체들도 위험에 빠지지 않겠냐는 것이다.

이런 질문과 대답이 오가는 동안 터우시그는 마을 사람들의 50퍼센트는 자신들을 진짜로 보호해줄 수 있는 경찰력을 원하고 다른 50퍼센트는 경찰 때문에 오히려 자신들이 더 위험하니 차라리 없는 것이 낫다고 생각하는 것을 알게 되었다. 물론 경찰서 가까이 살고 싶어 하는 사람은 하나도 없었다.

경찰이 병원의 환자들을 방패막이로 삼고 있다는 사실은 경찰과 지역사회 간의 관계를 극명하게 보여주고 있는 것이다. 처음의 마을로 돌아가보면, 마을 사람들은 끊임없이 나붙는 벽보 때문에 심신이 모두 지쳐 있는 상태였다. 소문과 공포가 한 마을을 몇 개월 또는 몇 년씩 휩쓸게 되면 마을 사람들의 공포는 극에 달하게 된다. 이런 상황에서 군사조직들이 마을을 향해 들어오기 시작하면 마을 사람들은 그런 일에 저항하거나 당황하는 대신 그저 당연한 것으로 받아들이게 되어 있다.

이렇게 들어온 군사조직들은 노동조합원들과 좌익 지도자들을 처형하는 대신 마약 밀매자들과 마을의 골칫거리들을 사형에 처함으로써 마을을 장악하기 시작한다. 경찰이 하지 못한 일을 대신 해주는 셈이니 마을 사람들 중에는 이런 일들을 열렬히 지지하는 자들이 나오게 마련이다.

무법지대를 대하는 우리의 자세

그렇다면 어떻게 이런 일들이 반복되는 것일까? 콜롬비아는 1950년대부터 대도시들을 제외한 대부분의 지역이 양대 좌익 유격대 중 어느 한쪽의 수중에 들어가 있었다. 콜롬비아뿐만 아니라 다른 나라에서도 이러한 비정규 군사조직들이 한 지역을 점령할 때는 단순히 총만 휘두르는 것이 아니라 일종의 사법체제를 확립한다.

콜롬비아의 경우에는 모든 자영업자들이 목숨을 구하기 위해 '예방 비용'으로 알려진 세금 형태의 뇌물을 바쳐야만 했다. 이런 식으로 해서 비정규 유격대들의 행위는 곧 법이 되는 것이다. 그들은 종종 첩자로 의심되는 사람들을 처형하기도 하지만, 대부분의 사람들이 안전하게 생업에 종사할 수 있도록 치안을 담당해준다.

유격대들이 장악한 마을을 '국가 속의 국가'로 설명할 수 있는 데는 여러 가지 타당한 이유들이 있다. 그중 하나는 마을을 장악한 유격대들이 폭력을 휘두르는 범죄자의 모습보다는 경찰과 세금 담당 공무원을 합친 역할을 하기 때문이다. 터우시그에게 정보를 전해준 마을 사람들의 말에 따르면, 비슷한 상황에 있는 이웃마을에서는 간통사건도 줄어들고 마약이나 술의 소비도 엄격하게 제한되고 있다고 했다. 어떤 마을에서는 심지어 잘 정리된 정식 법조문도 선포되어 범죄자 문제, 가정문제, 술 판매와 그 밖의 마을의 뿌리 깊은 문제들까지 해결해주고 있다고도 했다. 심지어는 땅의 소유권 같은 문제까지 유격대들이 처리해준다는 것이다.

그러나 마을 사람들에게는 불행한 일이지만, 언제가 되었든 유격대들은 서서히 본성을 드러내게 되어 있다. 그들은 마약 거래에 관련된 세금을 걷을 뿐만 아니라, 곧 자신들이 직접 마약을 판매하기 시작할 것이다. 하지만 이러한 일들은 좌익 유격대와 적대 관계에 있는 우익 준군사조직들의 이목을 집중시켜 쌍방 간에 전투를 불러올 수 있다. 터우시그는 2001년에 여러 마을에서 이러한 전투가 벌어지는 것을 목격했다.

터우시그가 2002년 콜롬비아의 칼리 근처 마을을 두 번째 방문했을 때, 그 마을은 다른 준군사조직이 장악한 지 17개월이 지난 후였다. 인구 5만 명 규모의 마을에서는 매주 두세 명씩 '범죄 혐의자'들이 처형당하고 있었다. 처음에 처형당한 사람들에게는 많은 친구들이 있었지만, 친구의 죽음도 그들을 그 지역의 폭력에 대항하는 세력으로 만들지는 못했다. 터우시그의 말에 따르면 "사람들이 기껏 할 수 있는 일은 희생자들의 장례식장에서 서로 귓속말을 하는" 정도였던 것이다.

터우시그의 2002년 기록에 따르면 준군사조직들이 마을을 장악하고 이러한 월권행위를 마음대로 저지르는 가운데서도 그 지역은 뜻밖에도 평온해 보였다는 것이다. 이런저런 파괴 행위들은 자취를 감추었고 유리창이나 간판을 파손하는 행위도 더 이상 없었다. 아이들은 수레를 미는 일을 돕거나 심부름을 해서 생계를 유지했으며 더 이상 길거리에서 싸우지 않았다. 그리고 무엇보다도 거리에서 늘 벌어졌던 사소한 싸움이나 분쟁들이 사라졌다.

준군사조직들은 그 지역 범죄 조직원들에게 마을의 관리를 대신 맡겼고, 마을의 중앙 광장은 쌍방향 무선 통신기를 탑재한 새로 나온 노란색 택시들로 가득했다. 터우시그의 친구들 중 한 명은 이러한 준군사조직에 대해 이렇게 말했다.

> "그자들은 살인자들이다. 나는 살인자들은 결코 믿을
> 수 없다. 하지만 때때로 나는 하루 종일 집 대문을 열
> 어놓고 다닐 때가 있다. 이는 지난 30여 년간 한 번도
> 상상해보지 못했던 일이다."

그렇다면 이런 콜롬비아의 외곽 지역에서 처음에 던졌던 질문에 대한 답은 안정된 민주국가에서보다 더 간단할지 모른다. 경찰이란 무엇인가? 누가 법을 집행하는가? 실제로는 이런 질문들에 대한 답이 그렇게 간단하지 않은데도 말이다.

국민들은 어떤 권력이 자신들에게 해를 덜 끼치는지 스스로 결정할 수 있다. 그 선택의 대상은 둘 또는 셋이나 넷이 될 수

도 있다. 그런데 만일 국민들이 법을 집행하는 집단을 선택했는데 그들이 다른 사람들의 눈에는 살인자들로 비친다면 어떻게 해야 하는가? 아프가니스탄의 탈레반이나 콜롬비아의 준군사 조직들이 바로 그런 경우이다. 이런 어려움에 처하지 않은 우리는 행운아라고 해도 좋은 것일까? 우리가 진짜 해야 할 일은 앞으로 그들이 더 나은 선택을 할 수 있도록 돕는 것일까? 아니면 그저 그들의 선택을 존중해야 하는 것일까?

근대 경찰의 탄생과 지역의 관리

우리가 법과 질서의 유지에 어려움을 겪고 있는 다른 나라 국민에 대해 판단을 내릴 때에는 그 나라를 그와 같은 상황으로 만든 배경에 대해 깊이 이해해야만 한다. 하지만 대개는 성급하게 판단하는 경우가 많다.

유럽의 경우를 생각해보면 우리는 경찰력이 존재하지 않았던 수백 년 전에 '문명화'된 유럽의 중심부가 도시의 치안을 어떻게 유지했는지 정확히 알지 못한 채 다른 나라의 경우를 함부로 말하기도 한다. 그러므로 이에 대해 정확하게 이해할 필요가 있다.

18세기 영국 런던은 서구 유럽 최대의 도시였지만 경찰이라는 개념 자체가 없었을뿐더러 기본적인 사법 제도 자체도 부족했다. 범죄의 희생양이 된 사람들은 개인적으로 범인을 잡아 기소해야 했다. 런던을 벗어나도 그런 사정은 비슷해서 사람들은 스스로 범인을 추적해 잡거나 친구, 또는 이웃의 힘을 빌려야 했다. 물론 런던에는 야간경비대 비슷한 조직이 있었지만 강도나 다른 범죄자들을 추적하기보다는 술을 마시느라 더 바빴고 본래의 업무조차도 밤에만 했다.

문제는 이것뿐만이 아니었다. 붙잡힌 혐의자들에게 주어져야 할 최소한의 권리도 지켜지지 않았다. 예컨데 1700년대 말까지 혐의자들에게는 변호사를 고용해 자신을 변호할 권리가 주어지지 않았다. 충분한 돈을 가지고 있어도 자신을 변호할 수단을 찾지 못했다. 물론 그런 사람들이 충분한 돈을 가지고 있는 경우는 드물었지만, 전문적인 검사와 변호사의 부재는 '법정에서의 논쟁'만 불러왔다.

런던에 나타난 최초 근대 경찰의 특징

최초의 근대적인 경찰 제도는 로버트 필 경Sir Robert Peel이 1829년에 세운 런던 경찰청이다. 그 당시의 경찰청 소속 요원들은 '필러스Peelers'라 불렸고 그 이후에는 '보비bobby'라는 애칭으로 불렸다. 그들은 독특한 경찰 모자를 쓰고 번쩍이는 단추가 달린 값비싼 제복을 착용했는데, 군대에서 빌려온 이러한 상징적인 차림새는 그전에 런던의 일부 지역을 순찰하는 야간경비원이나 기타 비슷한 직종에 종사하는 사람들의 허름한 차림새와는 확연히 구분되는 것이었다.

새로운 전문 경찰 인력의 등장은 매우 중요한 사건이었다. '보비'라고 불리는 이 경찰들은 지금도 해당 지역사회를 돌보고 관광객들을 안내하며 노인들이 길을 건널 때 도와주기도 하는 등 지역의 친근한 순찰자이자 런던 시내의 상징적인 존재이지만, 처음 등장했던 당시에도 다른 나라에 문화적으로 큰 영향을 주었다.

신뢰할 수 있는 지역 경찰의 등장은 세계 각국에 경찰 제도가 퍼져나가는 중요한 계기가 되었다. 실제로 영국 경찰은 다른 나라 경찰을 훈련시키는 일을 하기도 했는데, 특이하게도 이들은 거의 총을 휴대하지 않았다. '보비'의 등장은 강제성이나 무력을 동원하지 않고도 법 질서가 유지될 수 있음을 보여주는 상징적인 사건이었다. 물론 이들도 다른 나라 경찰들처럼 묵직한 경찰봉은 휴대했지만 실제적인 무력행사는 범죄를 다루는 특수부대가 했다.

반면 영국과는 대조적으로 유럽 대륙에서는 국가가 정치적·문화적 생활 전체를 관장하는 것이 보편적이었다. 경찰력이란 군대의 또 다른 이름이었고 오랫동안 경찰력과 군대의 경계선은 명확히 구분되지 못했다. 하지만 영국에서는 제복이라든가 장비 등만 군대로부터 차용했을 뿐 사람들에게 경찰이란 '영국민들의 자유권'을 침해하지 않는 존재라는 점을 부각시키기 위해 노력해왔던 것이다.

국가조직으로 쉽사리 바뀌지 못하는 영어권 국가의 경찰

지역의 관리는 전문 경찰 인력을 합법화하는 전략에서 핵심적인 요소다. 이와 비슷한 일은 미국에서도 일어나서 경찰이 지역 자체적으로 만들어져 오늘날까지 지역 정치가들의 영향력 아래 놓여 있다.

영어권 국가들에서 경찰력의 정치성은 지역 자체의 문제와 크게 연관되어 있다. 그래서 때로는 정부의 국정정책과 맞서는 일이 벌어지기도 한다. 1970년대 뉴욕시 경찰청처럼 많은 도시 소속 경찰들이 부패한 모습을 보였다. 범죄학자들이 그나마 순화해서 말하는 경찰의 일탈행위에 대해 지역 정치가들조차 눈을 감는 상황에도 불구하고 지역의 경찰력은 국가가 관장하는 조직으로 쉽사리 바뀌지 못하고 있다.

경찰력의 이러한 지역적 편협성은 특히 영어권 국가에 주로 존재하는데, 이는 대륙식의 중앙집권식 통제에 대한 불신에서 기인한다. 또한 경찰의 지역적 편협성은 사법적인 문제의 독특함 속에서 확연히 드러나는 경우가 많다. 지역의 정의와 평화를 유지하는 것은 오랫동안 그 지역의 유지나 귀족의 임무였는데, 이러한 전통이 오늘날까지 남아 있는 것이다. 즉, 유럽 대륙에서

의 사법 문제는 국가권력이 주도하는 공무원의 임무일 뿐이지
만 영어권 국가, 특히 본고장이라 할 수 있는 영국에서는 사법
권이 지역의 영향을 많이 받아 다른 국가보다 전문적이며 관료
화된 통제를 따르는 경우가 훨씬 적다. 그렇지만 대영제국 시대
로 거슬러 올라가 보면, 이러한 지역적 권위의 전통은 두드러지
게 존재하지는 않았다.

19세기 후반에 캐나다에 등장한 북서 산악경찰, 즉 훗날 캐나
다 국립 기마경찰대로 알려진 경찰조직의 출현 또한 지역적 편
협성의 문제로 이해할 수 있다. 캐나다 국립 기마경찰대는 부분
적으로는 법을 집행하기 위한 조직이지만 좀 더 넓은 관점에서
본다면 지역의 반대 세력을 억누르고 미국과 캐나다 국경지역
을 관리하기 위한 군사적 장치라고 볼 수 있기 때문이다.

그 결과 오늘날의 캐나다 국립 기마경찰대는 캐나다 서부와
대부분 지방에서 지역 경찰과 같은 역할을 하고 있으며 이러한
상황으로 볼 때 지역 경찰력과 국립 경찰을 구분하는 기준은 항
상 그렇게 분명한 것만은 아니다. 영국과 미국에서 국립 경찰은
사건의 최종 단계에만 모습을 드러내어 극히 제한된 영향력만
행사하는 것이 일반적이며, 이들이 관장하는 분야는 조직 범죄
나 테러리스트들과 같은 국가안보에 관련된 사항에 특히 집중
되어 있다.

대부분의 영어권 국가에서 경찰들의 업무는 주로 지역적인

문제를 관할하는 것이라서 범죄의 발생도 일반적으로 지역적인 관점에서 판단하게 된다. 지금은 대 테러부대 같은 특수한 조직이 생겨 많은 권한을 행사하고 있지만 관습법 아래 살고 있는 일반시민들에게는 여전히 경찰이란 무엇이며 누가 진짜 경찰인지에 대한 의문이 남아 있다.

아마도 그들은 지역을 순찰하는 지역 경찰을 가리키며 저들이 진짜 경찰이라고 대답을 할지도 모른다. 하지만 진정한 지역 경찰은 그 지역 공동체의 상상 속에나 존재하며 지금의 경찰들은 그 실체를 키워가는 존재일지도 모른다. 범죄와 범죄에 대한 통제력의 실체는 지역적인 문제와는 점점 더 무관한 것들로 바뀌어가고 있으니 말이다.

사설경비업체의 대두와 경찰의 존립 문제

쇼핑센터 보안요원, 유흥업체 경비원, 사설탐정, 경호원, 개인
주택지 경비인력, 용병과 다를 바 없는 다국적 기업의 경비 인
력들, 그리고 보안업체 직원들까지, 이런 직업들과 그와 관련된
수많은 다른 일자리들이 점점 더 많은 사람들의 생계유지의 방
편이 되어가고 있으며 이에 따라 경찰 업무의 형태 또한 바뀌
고 있다. 미국에서만도 이런 사설경비업체와 관련된 직업에 종
사하는 사람의 숫자가 정식 경찰 숫자에 비해 2.6배나 높다. 이
수치는 영국과 캐나다, 그리고 오스트레일리아보다 높은 수치
이다.

남아프리카공화국에서는 이미 오랫동안 이런 사설경비업체
의 역할이 국내 치안유지에서 큰 몫을 차지해왔다. 특히 백인
중산층들은 정식 등록된 30만 명 이상의 사설경호원들로부터

도움을 받고 있는데 이 수치를 남아프리카의 인구 4천 400만 명과 비교해보면 전 국민 중 6.8퍼센트가 사설경비업에 종사하고 있는 셈이다. 여기에 정식으로 등록되지 않은 업체의 직원들까지 나서서, 수도 요하네스버그의 우범지대에 살고 있는 중산층들을 위한 순찰업무나 경호업무를 대신하고 있으니 이 수치는 더 높아질 것이다.

사설경비업체가 경찰을 대신할 수 있는가

남아프리카공화국의 살인 사건 발생률은 세계 최고 수준으로 악명이 높다. 그렇지만 부유층은 그들 자신과 재산을 보호할 능력과 재력이 있어 크게 문제가 되지 않는다. 문제는 그럴 형편이 되지 않는 흑인과 가난한 노동자 계층의 사람들이다. 이들의 삶은 불안하기 그지없으며 국가가 제공하는 경찰을 신뢰하지 않는다. 남아프리카공화국의 경찰이란 본연의 임무는 망각한 채 잔인한 인종차별주의자들과 결탁하기 일쑤이기 때문이다.

문제는 또 있다. 이러한 사설경비업체의 직원들을 누가 감시하느냐 하는 것이다. 일반 경찰 또한 권력을 남용하는 경우가 있지만 최소한 공적인 지휘체계를 따르고 있다. 그리고 그들의 임무와 임무수행에 뒤따르는 방법에는 분명히 법적인 제한이 존재하고 있다.

하지만 사설경비업체들은 업무의 투명성과는 무관하게 회사를 운영하고 있다. 그들은 합법적인 개인 기업이며 자신들의 업무내용을 대중에게 개방할 의무가 없다. 법 집행절차와 관련된 업체직원들의 법적인 지위 역시 명확하지가 않다.

이에 따라 최근 들어 많은 국가에서 이러한 사업에 일정한 규제를 가하려는 움직임이 일고 있다. 영국의 경우 2001년 사설경비업체 관련법을 제정하여 규제를 강화하고 있으며, 미국과 캐나다 또한 연방정부는 관여할 수 없지만 지역과 각 주의 정부에서 이런 사설경비업체들과 개인 경호원들에게 최소한의 사업 허용 기준을 제시하여 규제를 가하는 것이다.

자본과 경찰이 유착되면 부패는 필연적이다

세계 최대의 사설경비업체 시장인 남아프리카공화국에서도 지금은 사설경비업체 감독청이 만들어졌다. 이 기관은 경비사업의 기준을 높여 사설경비업체나 개인 경호원들에 대한 감독과 범죄 관련 조사를 하는 업무 외에도 2010년 남아공 월드컵 대회 때에는 전문적인 보안업무를 담당하는 일까지 맡았다. 하지만 주업무는 직원들에게 급여를 제대로 지불하지 않는 사설경비업체들을 추적하는 일이다. 급여체불 문제는 사설경비업의 실상을 적나라하게 드러내고 있는데 정확하게는 불평등의 문제로 바라볼 수 있다.

사설경비업체의 최상층에는 특화된 기업들이 있다. 이들 기업은 잘 훈련된 전문 경호원과 높은 보수를 받는 전문가들을 고용해 고객에게 제공한다. 그중에는 콜롬비아나 소말리아, 또는 이라크에서 종종 발생하는 몸값을 노린 납치사건을 전담하는 협상가들도 있다. 또 개인 기업들을 보호하는 용병들도 있다. 이러한 업체에 근무하는 직원 중 상당수는 전직 국가정보원 출신들이 많으며 그런 전문성 때문에 바로 취업이 결정되기도 한다. 즉, 회사가 그들의 지식과 과거 직장과 정부 부서와의 관계를 높이 평가하여 그들을 채용하는 것이다.

예를 들어 영국군 장성 출신 마이클 로즈Michael Rose는 나토군의 요직에 있을 때 유고슬라비아 관련 작전에 깊숙이 개입했는데, 군에서 퇴역한 지금은 사설경비업체의 고문으로 일하고 있다. 이 외에도 전직 경찰이나 군 장교 출신들은 높은 급여를 받으며 사설경비업체에서 일을 하고 있다.

하지만 15만 명에 달하는 영국 경비업체 직원들과 30만 명이 넘는 남아프리카공화국 직원 대부분은 낮은 급료를 받는 훈련이 덜 된 직원들이며 개중에는 최저 임금으로 밤낮을 가리지 않고 위험한 임무에 종사하는 사람들도 있다. 이들에게는 위험수당도 거의 지불되지 않는다.

이런 직원들을 이용하는 것은 경찰력을 증강시키는 것보다

훨씬 싸게 먹히는 일이다. 그래서 많은 도시와 지방정부가 경찰을 고용하기보다는 이런 회사를 통해 치안문제를 처리하고 있다. 그런데 심각한 문제가 생겼다. 주어진 업무를 정확하게 처리하기 위해 사설경비업체들이 때때로 경찰을 고용하는 것이다. 북아메리카 지역에서는 이런 일을 '돈 받는 의무Paid Duty'라고 부르는데 이는 경찰이 개인적으로 하는 부업을 이르는 말이다.

이렇듯 공공의 경찰업무가 개인사업과 연결되면 부정한 뒷거래가 생기게 마련이며, 이는 마피아 같은 범죄집단이 경찰과 유대관계를 만들기 위해 흔히 쓰는 수법이기도 하다. 예를 들어 미국의 많은 회사들이 영화나 텔레비전 프로그램을 촬영하기 위해 캐나다 토론토에 들어와 있는데, 이는 토론토가 미국의 도시와 유사하여 싼 비용에 촬영할 수 있기 때문이다. 그런데 캐나다 지역 경찰들은 이러한 미국 회사들에게 부업을 원하는 경찰들을 고용하라고 요구할 수도 있다.

이렇게 고용된 경찰들이 하는 일이라고는 고작해야 촬영장비들을 지키는 일뿐이다. 이런 식으로 경찰들은 이미 충분히 받고 있는 급여에 부가 수입까지 얻게 되겠지만 이는 공권력의 상징인 경찰력이 점차 개인사업체의 하부조직으로 전락하게 되는 것을 의미한다.

경찰력의 운명이 개인 자본에 의해 이렇게 변질된다는 것은 단순한 고용의 문제가 아니다. 누가 누구를 고용하는 것인지,

누가 어떤 계약에 의해 급료를 지불하는 것인지가 모두 포함된
심각한 문제가 아닐 수 없다.

5장

경찰의 임무는
무엇일까?

◇·◇·◇·◇·◇·◇·◇·◇·◇·◇·◇

경찰은 법치 제도에 근거해서 무력을 사용해
사람들을 구속하고 체포할 수 있는 유일한 집단이다.
그렇다면 경찰의 임무란 무엇인지에 대한
근본적인 질문으로 접근해보는 건 어떨까?

◇·◇·◇·◇·◇·◇·◇·◇·◇·◇·◇

경찰의 하위문화와 경찰집단의 민주화

이론적으로 본다면 경찰관은 현대 사회에서 법치 제도에 근거해서 무력을 사용해 사람들을 구속하고 체포할 수 있는 유일한 집단이다. 그렇다고 해서 아무 때나 무력 행위를 할 수 있는 것은 아니다. 이러한 행위조차도 법적인 기준에 따라 할 수 있는데 민주사회에서 경찰의 무력 행위의 기준은 대상자가 범죄의 혐의를 받고 있느냐 아니냐 하는 것이지만, 실제 생활에서 강도와 경찰, 군대와 경찰, 그리고 보안요원과 경찰을 구분하는 것은 그리 쉬운 일이 아니다.

그렇다면 경찰의 임무란 무엇인지에 대한 근본적인 질문으로 접근해보는 건 어떨까? 하지만 이 방법 역시 그리 쉽지는 않다. 먼저 경찰 역시도 거대한 공무원 사회의 일원이며 직장인이다. 다른 직장인처럼 경찰도 때로는 맡은 바 업무를 게을리할 수 있으며 휴식도 필요하다.

그리고 무엇보다도 우리가 간과하고 있는 사실은 경찰이 생각 외로 일반적인 사무실 업무가 많다는 사실이다. 경찰의 하루 일과를 중심으로 한 연구 결과를 살펴보면, 경찰이 실제로 '범인 체포'에 쏟는 시간은 전체 경찰 업무 중 아주 적은 부분에 불과하다. 그럼에도 우리는 범죄자를 체포하는 등의 긴박하고 긴장된 순간들이 경찰의 주된 업무라고 잘못 이해하고 있다.

경찰의 업무에 대한 또 다른 연구들을 살펴보면 흥미로운 사실을 발견할 수 있다. 경찰관이 동료 경찰관과 이야기를 나누거나 휴식을 취하거나 서류작업을 할 때 비로소 경찰관으로서 그들의 업무가 중요하게 형성된다는 사실이다. 연구자들은 경찰관들에 대한 이런 비공식적인 양육 및 성장과정을 '경찰의 하위문화'라고 부르는데, 연구 결과에 따르면 경찰관들 서로가 만들어가는 이러한 사회화 과정이 특별한 영역까지 확장된다는 사실을 아울러 보여주고 있다. 경찰의 하위문화는 범죄자가 누구냐를 가려내는 것뿐만 아니라, 경찰이 담당할 문제가 무엇인가를 정리하는 데 매우 중요한 영향을 미친다.

경찰 내의 관리계급과 세금을 내는 시민들은 종종 경찰의 태도변화를 주문한다. 예를 들어 반인종주의적 태도에 관한 교육이나 다양한 종류의 민감한 사안들에 대한 교육을 통해 변화를 이루기를 바라는 것이다. 하지만 이러한 주문이나 노력 등은 일선 경찰들에 의해 무시되거나 대수롭지 않은 문제로 여겨지기 일쑤다.

예를 들어 캐나다 온타리오 주 경찰청에서 어느 날 남녀 동성애자들을 대하는 법과 같은 민감한 사항에 대해 교육을 하고 있는데, 한 일선 경찰관이 분홍색 셔츠를 입고 참석을 했다. 그는 분홍색 셔츠를 입음으로써 동성애자 교육에 대한 반감을 동료 경관들에게 노골적으로 드러낸 것이다.

결국 이 사건은 쓴웃음을 자아낸 사소한 사건으로 끝이 났지만, 일선 경찰들이 공동으로 영위하고 있는 하위문화가 경찰 개혁을 위한 움직임과 요구를 원천봉쇄할 수도 있다는 사례를 보여준다. 다시 말해 동성애자들을 반대하는 경찰관이 순찰 중에 남녀 동성애자들과 마주쳤다면, 그는 원칙이나 임무와는 상관없이 편견을 가지고 그들을 대할 가능성이 충분히 존재하는 것이다. 이 사건이 벌어진 온타리오 주 경찰청에 동성애자인 경찰관이 있었다면 그 경찰관은 자신의 성 정체성을 숨기고 싶은 강한 충동을 느꼈을 수 있다.

이렇듯 분홍색 셔츠 사건은 사소한 일로 치부될 수도 있지만, 경찰관들의 실제 정체성을 보여주는 사건이라 할 수 있다. 즉, 경찰관들의 하위문화가 새로운 것을 받아들이지 못한다면 경찰 집단의 민주화는 점점 더 어려운 일이 될 수밖에 없다.

경찰의 국가안전 유지 임무

경찰이 하는 일들은 네 가지 범주로 나눌 수 있다. 국가의 안전을 지키고, 범죄자들을 체포하며, 다른 범죄들을 해결하고, 마지막으로 지역사회의 질서를 유지하면서 다른 공무원 계층과의 정보교환을 원활히 하는 것이다.

우리에게 가장 눈에 띄는 경찰 업무는 아마도 거리를 순찰하거나 사고나 범죄 현장에 등장하는 일일 것이다. 하지만 시민들의 눈에 잘 띄지 않는 경찰의 임무도 있다. 이러한 임무를 맡은 경찰들은 사람들의 눈에 쉽게 띄는 장식이나 경찰 제복을 착용하지 않으며 도둑이나 강도 문제가 아닌 국가의 안전문제 해결에 주력한다.

몇몇 국가들에서는 공공연하게 정치경찰이라는 제도를 유지하고 있는데, 나치 독일의 비밀경찰을 상징하는 게슈타포 또는 구 소비에트 연방의 KGB 같은 기관들이다. KGB는 Komitet Gosudarstvennoy Bezopasnosti의 약어로 '국가보안위원회'라는 뜻을 가지고 있다. 이름만으로도 조직의 정체를 확실히 알 수 있다.

그렇지만 과거의 독재국가뿐만 아니라 현대의 민주국가에서도 비슷한 종류의 정치경찰들이 존재하고 있다. 예를 들어 영국에는 MI5라는 조직이 있다. 이들은 국가의 안전에 위해가 될 수 있는 모든 정보들을 비밀리에 수집하고 조사한다. 국가의 안전 문제를 담당하는 조직은 때때로 일반 경찰 내의 특수부대 형태로 존재하며 평상시에는 일반 범죄 문제에 투입된다.

예를 들어 캐나다의 국립 기마경찰대는 브리티시 콜롬비아 주나 평야 지역의 작은 마을들을 순찰하는 임무를 맡고 있지만 기마경찰대에 소속된 특수부대는 조직 범죄단이나 정부를 위협하는 또 다른 특별 범죄수사에 투입된다. 군대 내에 존재하는 특수부대도 있는데, 이들 또한 국가에 위해가 될 수 있는 잠재적 적들을 색출하고 조사하는 임무를 띠고 있다.

안전과 평화를 위한 각국 경찰의 공조와 한계

오늘날 국가의 안전유지를 위한 경찰 업무는 '상호 연결된 업무'로 볼 수 있다. 국가 내의 다양한 조직들의 대표가 모여 다시 특별한 한 집단을 구성하는 것이다. 예를 들어 현재 많은 국가들이 이민국 직원들과 경찰관들로 구성된 특수부서의 운용을 통해 불법 이민자들이나 그들을 고용한 기업들을 조사하는 임무를 수행하고 있다. 또 유럽의 경찰들도 상호 연락망을 통해 업무 협조를 하고 있다. 물론 각국의 경찰 업무는 개별적으로 진행하지만 정보나 자료 등을 서로 공유하고 있는 것이다.

정부 관리들과 경찰 지휘부는 국가의 안정성과 평화를 위협하는 일들이 점점 국제적인 양상으로 번져가고 있다는 사실을 인식하고 있다. 가장 골치 아픈 국제적 범죄자들은 국경을 자유롭게 넘나들며 무기나 마약을 거래하는 무리들이다. 하지만 이들을 조사하는 데 있어 완벽하게 효과적인 국제경찰 조직은 아직 존재하지 않는다. 인터폴Interpol이라 불리는 국제경찰이 존재하기는 하지만, 지금의 인터폴은 각 국가별 경찰들이 자국을 벗어난 범죄자들에 대한 정보를 공유하는 것 이상의 일은 하지 못하고 있는 실정이다. 현재 인터폴은 프랑스의 리용에 작은 사무실을 가지고 있으며 엘살바도르나 태국 같은 몇몇 국가에 지역사무소를 개설하고 있다.

인터폴의 주된 업무는 컴퓨터를 이용한 전산망을 통해 서로의 정보를 공유하는 일이다. 인터폴의 2008년 총예산은 고작 4760만 유로에 불과했다. 이는 한 도시의 경찰 예산보다도 적은 액수다. 인터폴의 위상이 이처럼 보잘것없는 이유는 실질적인 효력이 있는 국제법이 없기 때문이며, 따라서 이 문제는 단순한 예산 증액으로는 해결될 수 없다. 게다가 각국의 경찰들은 자국에서 빠져나간 범죄자들을 체포할 때는 기꺼이 협조하지만, 그렇다고 자국 법이 침해당하는 일은 절대 용납하지 않고 있다. 여러 가지 위협들이 여러 국가에 동시다발적으로 발생하는 시대지만 각국이 보유하고 있는 특수수사대나 병력들은 타국과 거의 공조되지 않는 것이다.

CIA, FBI, KGB 등 특수조직의 존재와 개인의 자유 침해 문제

미국은 이와 같은 문제들에 대해 깊은 관심을 가지고 있지만 자국 내 기관인 FBI와 CIA에서조차 제대로 된 공조수사가 이루어지지 않고 있는 형편이다. 2001년 테러리스트들의 공격을 조사하는 과정에서 이 두 정보기관 사이에 존재하는 알력은 여실히 드러났다. FBI와 CIA는 서로 정보를 공유하지 않았고 결국 미국은 9·11테러를 막아내지 못했다.

미국에 두 정보기관이 존재하게 된 이유는 앞서 얘기한 다국적으로 벌어지는 범죄, 특히 테러리스트에 대항하기 위해서였다. 테러리스트의 위협은 공산주의와 전체주의에 대한 망령을 불러일으켜 미국의 의원들에게 개인정보의 수집과 정치활동에 대한 사찰도 가능한 '거대한 정부'를 만들게 했으며 그 결과 FBI

같은 기관도 탄생했다. 일단 만들어진 기관은 자신들의 존속을 위해 예산 확보에 주력하게 되었고, 연쇄 살인예방이니 테러와의 전쟁이니 하는 명분을 내세워 개인의 자유를 침해하는 일이 잦아지고 있다.

한편 구 소비에트 연방에서의 예산 문제는 민주적인 의회의 절차를 거쳐 결정되는 문제가 아니라서 KGB는 자신들의 존속을 위해 미국의 기관들처럼 끊임없이 새로운 적들을 만들어낼 필요는 없었지만, 대신 지도자와 운명을 같이 할 수밖에 없었기에 터무니없어 보이는 명령에도 절대 복종했다. 그래서 1917년 체카Cheka라는 이름으로 창설된 KGB는 실제로는 밖에서 보이는 것처럼 무소불위의 안정적인 기관이 아니었던 것이다.

일례로 스탈린은 KGB로 하여금 1917년 혁명의 지도자였던 레온 트로츠키Leon Trotsky를 끊임없이 추적하도록 했으며, 결국 외국으로 망명했던 트로츠키는 멕시코의 좌파 예술가인 디에고 리베라Diego Rivera와 프리다 칼로Frida Kahlo의 집에서 KGB가 보낸 암살자에 의해 기괴한 방법으로 살해됐다.

지난 80여 년간 KGB는 수백만 명의 소비에트 국민을 감시했고 국가의 안전을 지키기 위해 노력했다. 하지만 소비에트 연방의 역사를 통해 볼때 이 안전이라는 말은 스탈린의 광기와 동의어로 통하기도 한다. 이 밖에 KGB는 요원들을 동원해 대규모의 첩보활동을 벌였는데, 이런 활동은 주로 각국 주재 소련 대사관을 통해 이루어지거나 해당 국가에서 협력자들을 구해 이루어졌다. 1950년대까지만 해도 소비에트가 이루어낸 공산주의 혁명은 서구의 많은 지식인들의 지지를 받았기 때문에 좌익 사상에 물든 서구의 지식인들이나 과학자들의 협조를 이끌어내는 것은 비교적 쉬운 일이었다.

하지만 1956년 소비에트가 헝가리의 민주화 투쟁을 무력으로 짓밟자 공산주의 혁명의 당위성은 점차 힘을 잃어갔으며 KGB 협조자들은 오직 돈만을 노린 자국의 배신자들로 채워졌다. 러시아 대통령 보리스 옐친은 그런 사람들을 전적으로 신뢰할 수는 없었기에 1995년 KGB를 공식적으로 해체하고 대신 새로운 정보기관을 창설했다. 이 기관은 최근까지도 수많은 불법적인 수단을 사용하여 반정부 활동을 압박하고 있다.

옐친의 뒤를 이은 러시아의 전 대통령 블라디미르 푸틴Vladimir Putin의 경우는 아주 흥미롭다. 그는 헌법에 규정된 대통령 임기를 다 채우고도 다시 국무총리 자리에 올라 정부에 영향력을 행사하고 있는데, 푸틴이야말로 KGB 출신이기 때문이다.

러시아 정부는 더 이상 모든 국민의 사상을 통제하려고 노력하지 않는다. 하지만 정부의 부패상을 파헤치는 언론인들은 끊임없는 살해 위협에 시달리고 있으며, 정부 정책에 반대하는 일에는 여전히 많은 감시와 탄압을 각오해야 한다. 그래서 KGB 시절과 달리 이제는 정부의 고위관리들도 러시아의 신흥산업인 사설경비업체에 돈을 지불하고 요원들을 끌어다 쓰고 있다.

하지만 그 요원들은 정부 소속이 아니라서 아무런 거리낌 없이 온갖 '더러운 방법'들을 사용할 수 있다. 예를 들어 2006년 11월 블라디미르 푸틴의 비밀을 폭로하려던 알렉상드르 리트비넹코Alexander Litvinenko가 런던에서 방사능 중독으로 의심되는 상황으로 사망했다.

소비에트 연방이 무너진 뒤 신흥 러시아에서는 범죄 발생률이 하늘 높은 줄 모르고 치솟고 있다. 도대체 러시아의 경찰과 관리들이 하는 일은 무엇이란 말인가.

범죄를 예방하고 범죄자를 체포하는 일

범죄를 사전에 예방하는 일은 이제 지역의 활동가와 이웃 주민들의 선의와 주의, 그리고 사설경비업체 모두가 관련된 일이 되어버렸다. 예를 들어 은행 강도를 염려하는 은행들은 지역 경찰에 의존할 수도 있지만 대부분의 경우에는 폐쇄회로 카메라와 사설 경비원들을 동원해 자체적으로 지키고 있다. 그렇지만 일단 범죄가 발생하고 나면 그런 사설 경비원들이 할 수 있는 일은 없다. '범죄를 저지른 사람'을 찾고 그들을 법정에 세우는 일은 정식으로 권한을 인정받은 경찰의 책임인 것이다.

텔레비전 드라마를 보면 제복을 차려 입은 경찰과 사복경찰들이 위험천만한 자동차 추격전과 현란한 과학수사 기법을 활용해 범인들을 체포하지만 실제 경찰 업무는 그렇게 멋있는 일이 아니다. 물론 범죄자들을 색출하고 그들을 법정에 세우는 일은 경찰만이 할 수 있는 업무이긴 하지만 이러한 업무가 성공하려면 탐정소설에 등장하는 천재 탐정과 같은 수사방식이 아니라 정보를 수집하고 조사하는 지루한 업무를 먼저 해야 한다. 게다가 이렇게 범죄를 해결하고 범죄자를 법정에 세우는 일은 실제 경찰 업무의 아주 일부분만을 차지하고 있다.

다음 경우를 한번 살펴보자. 1980년대 실시된 뉴욕시의 연구에 따르면 지난 10년간 살인 사건 등 강력범죄 발생률은 최고조에 달했는데, 순찰 업무를 맡은 경찰관 156명을 살펴본 결과 전체 156명 중 40퍼센트는 1년에 단 한 건의 체포 실적도 없었으며, 단지 30퍼센트의 경찰관만이 1년에 3건 이상의 체포 실적이 있었다.

하지만 경찰들이 범죄를 수사하고 범인을 체포하는 일에 쏟는 시간이 아무리 적다 하더라도, 이런 임무야말로 경찰이 사설 경비원이나 군대와 분명하게 구별되는 부분이다. 경찰만이 가지고 있는 이 유일무이한 법적인 권력으로 그들은 체포와 기소를 할 수 있는 것이다.

그렇다면 모든 민주국가에서 경찰만이 합법적으로 범죄와 싸울 수 있다고 확신하는가?

경찰은 정말 아무런 편견 없이 범죄와 싸우고 있는가

사실 가장 투명하고 민주적인 사회에서조차 경찰이 과연 시민들에게 실제적으로 위협이 되는 중범죄들을 우선적으로 처리하고 있는지 쉽게 단정 지어 말할 수 없다. 어떤 혐의자들은 언론들이 서로 앞다투어 범죄에 대한 선정적인 방송을 하는 탓에 '더 의심을 받는' 상황이 벌어지기도 한다. 인종과 계층, 성별과 나이도 이런 편견에 일조한다. 특히 '인종적 편견'에 따라 수사가 달라지는 것은 단지 개인적인 편견의 문제가 아니다.

경찰관은 인종적 편견에 휘둘려서는 안 되며 동료 경찰이 흑인이든 백인이든 친밀한 관계를 유지해야 하지만, 유색인종에 대한 부당한 수사는 지금도 그치지 않고 있다. 인종적 편견은 흔히 구조적인 문제로 치부되곤 하지만, 이런 현상은 경찰과 다른 관련 기관의 인종에 대한 부정적인 감정이 합쳐진 결과이다. 물론 어떤 특정한 사안이 발생했을 때, 그것을 항상 인종적 편견 문제로만 몰아갈 수는 없지만 말이다.

2009년 하버드 대학교의 흑인 연구 담당 교수인 헨리 루이스 게이츠Henry Louis Gates는 백인 경찰에 의해 자신의 집 앞에서 체포되어 공무집행 방해로 기소되었다. 게이츠 교수와 개인적으로 친분이 있던 버락 오바마 대통령은 인종차별적 의도가 있다고 경찰을 비난했다. 문제는 확산됐고 결국 오바마 대통령은 해당 경찰과 게이츠 교수를 백악관으로 초대해 맥주를 대접하며 두 사람의 화해를 주선했다.

이 사건은 인종적 편견이 불러오는 복잡한 문제와 상황을 단적으로 보여주는 좋은 사례이다. 실제 상황은 이러했다. 중국여행에서 돌아온 게이츠 교수는 자기 집 열쇠를 찾을 수 없어 억지로 문을 열고 집 안으로 들어가려 했다. 이 광경을 이웃 사람 하나가 목격했고, 이 이웃은 흑인이 자신이 살고 있는 동네에 나타나 그런 행동을 하는 것이 수상쩍게 생각되어 경찰에 신고를 했다. 하지만 집 안으로 억지로 침입하려는 사람이 설사 백인이었더라도 당연히 경찰 신고를 했을 것이기 때문에 이 이웃의 행동을 특별히 인종차별적 행동이라고 단정 짓기는 어렵다.

마찬가지로 경찰관의 행동 역시 인종적 편견에서 나온 행동이었는지를 판단하기란 매우 어렵다. 보도된 바에 따르면 집 앞에 나타난 경찰관은 게이츠 교수에게 폭언을 퍼부었으며, 이에 대해 게이츠 교수는 인종차별적인 사회에서 살고 있는 아프리카계 미국인 남성이 그동안 쌓였던 감정을 폭발시킨 것과 같은 반응을 보였다. 즉, 게이츠 교수도 이성을 잃고 흥분했던 것은 부인할 수 없는 사실이다.

물론 비슷한 상황에서 상대방이 백인이었더라도 그 경찰관이 그런 행동을 보였을까 하는 점은 여전히 의심스럽다. 그래서 게이츠 교수 사건이 정말 인종적 편견의 적절한 예가 될 수 있는지는 단정할 수가 없는 것이다.

우리는 인종차별이 사라져가고 있는 이 시점에도 인종적 편견이라는 연구가 지속되고 있다는 사실을 기억해야만 한다. 또한 개인을 비난하는 일만으로는 어떤 해결책도 만들 수 없다는 사실을 깨달아야 한다. 우리를 둘러싸고 있는 문화의 변화 속에서 실질적으로 이러한 편견을 종식시켜야 하는 것이다.

아프리카계 미국인이 백악관의 주인이 되었다는 사실은 이러한 문화적 편견을 바꾸는 좋은 계기가 될 수도 있을 것이다. 하지만 게이츠 교수는 이것만 가지고는 미국 문화의 기본적 틀 자체를 바꿀 수 없다고 주장한다. 뿌리 깊게 자리잡은 난공불락의 문화가 계속적인 인종적 편견을 만들어내고 있다는 것이다.

경찰력이 가진 핵심적 임무에 대해서는 앞으로도 계속해서 논의가 될 것이다. 법을 어긴 사람들을 체포하는 일이 공정하게 이루어지고 있는지, 사회적으로 차별받고 불이익을 당하는 사람들에게 편견을 가지고 대하지는 않는지에 대해서는 아직도 의문의 여지가 많기 때문이다.

대부분의 민주국가에서는 이와 같은 경찰의 임무에 대한 문제를 국민과 공유하기 위해서 국민의 민원을 적극 수렴하면서 국민들이 직접 경찰 업무를 감시할 수 있는 체계를 구축하고 있다. 범죄와 싸우는 일은 민주주의를 위한 것이지 민주주의의 근간을 해치는 일이 아니라는 점을 분명히 하기 위해서이다.

그렇지만 이러한 노력은 아직 많이 미약하다. 대부분의 경찰들은 모든 조사를 직접 하고 있으며 경찰의 문제를 조사하는 것 역시 같은 경찰관이 한다. 시민이 직접 참여할 수 있는 여지를 마련해놓았다고 해도 이런저런 사정으로 말미암아 일반인이 경찰이 보유하고 있는 자료에 자유롭게 접근하는 일은 거의 불가능하다. 경찰들은 범죄 수사에 대한 우선권을 정당하게 주장하고 있지만, 그러한 과정과 방법이 시민들이나 민주적 절차를 밟은 대표자들에게 투명하게 공개되는 경우는 거의 없다.

경찰의 질서유지 임무

범죄학자들은 경찰이 '수습 기간'을 통해 어떻게 일상의 업무를 파악해나가는지 연구했다. 또한 순찰을 담당한 경찰관들의 일상을 관찰했다. 그 결과 경찰관이 범죄 현장과 마주치는 경우는 거의 없다는 사실을 알아냈다. 많은 도시에서 제복을 입은 경찰관이 상점가나 번화가에 배치되어 그냥 단순한 순찰 업무를 하고 있다. 그 지역의 경제를 이끌고 있는 사업주들의 요청이 있기 때문이다. 또 경찰본부에서 무전기로 경찰관을 호출하여 특정 지역에서 발생한 사건을 알려준다 해도 대부분은 진짜 범죄가 아닌 경우가 많다. 사람들은 아주 사소한 일에도 경찰에 신고를 하기 때문이다.

경찰이 시민들의 자잘한 신고에 일일이 대응하거나, 범죄를 미연에 방지하기 위해 비효율적인 순찰을 도는 일 등은 엄밀하게 말하면 질서유지에 해당하는 업무이다. 범죄학자들의 연구에 따르면 이런 일들은 아주 비효율적인 업무이다. 하지만 대부분의 경찰관은 범죄와 싸우는 대신 이러한 질서유지 업무에 더 많은 시간을 보내고 있다. 경찰서로 걸려오는 수많은 전화의 대부분 또한 범죄 신고가 아니라 사소한 일상의 다툼이나 문제들인 경우가 대부분이다. 그렇다면 경찰이란 상황을 진정시키고 싸움을 말리며 제복을 입고 순찰을 도는 것만으로도 질서유지 효과를 가져오는 존재라고 할 수도 있다.

순찰 업무 과정에서 경찰은 특별한 볼일 없이 '어슬렁거리는' 사람들을 멈춰 세워 검문을 하곤 한다. 경찰이 그런 사람에게 다가가서 이렇게 늦은 시간에 무엇을 하고 있느냐고 물어보는 일, 혹시 발생할지 모르는 취객들의 싸움을 미연에 방지하는 일, 쇼핑센터를 순찰하고 경보기의 작동 유무를 확인하는 일 등은 일련의 체포계획이나 그 과정이 없기에 직접적으로 범죄와 싸우는 일로 비춰지지는 않는다. 하지만 지역의 질서를 유지하는 업무는 범죄와는 무관하게 아주 중요한 일이다.

영국에서 실시되는 공공질서 회복 정책

1997년 정권을 잡은 영국의 토니 블레어 노동당 정부는 '범죄 및 무질서 대책법Crime and Disorder Act'을 대표적 사법 관련 공약으로 내걸었다. 이 법의 핵심 내용은 범죄보다는 지역의 질서유지와 회복에 초점이 맞춰져 있다. 이 법을 효과적으로 실시하기 위해서 정부는 경찰뿐 아니라 기타 관련 기관들, 즉 공공주택 사업국 등에도 질서유지 권한을 일정 부분 부여했다. 이 정책은 이른바 '반사회적 행위 바로잡기Anti-Social Behaviour Order, ASBO'로 불린다. 이에 따라 습관적으로 이웃들을 괴롭히거나 자잘한 공공질서를 어지럽히는 사람은 ASBO에 등록이 되었다. 이는 범죄 기록은 아니지만 상황에 따라 범죄 행위로 기소될 수도 있는 증거가 된다.

'범죄 및 무질서 대책법'처럼 다른 소관 부서에서 시행되는 유사 법률들은 대개 범죄가 아닌 '무질서 행위'에 초점이 맞춰져 시행되고 있다. 이러한 법에서는 사업체와 정상적인 가족을 이루는 사람들은 보호대상에 포함되지만, 미혼이면서 음주가무를 즐기는 젊은 계층, 거리의 걸인들, 유흥업소 종사자들이나 문화적 소수 계층들은 일반적으로 제외된다. 이들은 어떤 면에서는 사회가 관심을 기울여야 할 '정확한 거주지를 가진 주민'이나 '공동체의 일원'으로 인정받지 못하고 있는 것이다.

영국에서 실시되는 또 다른 공공질서 회복 정책은 공공장소나 도심지를 배회하는 젊은이들을 대상으로 실시되고 있는데, 특정 장소에 불필요하게 모여드는 젊은이들을 쫓아내는 것이 주된 방법이다. 경찰은 이를 위해 '모기 날개 소리Mosquito'라고 하는 기계를 사용하고 잇다. 이것은 25세 미만의 젊은이들은 생리학적 이유로 도저히 견딜 수 없는 고주파 음역대의 소리를 낸다. 사람은 들을 수 없지만 개는 들을 수 있는 훈련용 피리와 비슷한 원리이다. 리즈 대학의 범죄학자인 애덤 크로포드Adam Crawford 교수는 이러한 공공질서 업무를 일컬어 영악한 신기술을 이용해 젊은 사람들을 접촉할 필요도 없이 그들이 한자리에 모이지 못하도록 쫓아버리는 것이라고 말했다.

누구를 위한 질서유지인가

영국의 경찰과 지역 정치가들이 공공질서 유지에 대해 말할 때, 유독 시민들의 '반사회적 행동'에 대해서만 우려하는 목소리를 내는 경우가 있다. 마치 현대의 도시인들이 단일한 도덕적 기준에 한 가지 문화로 특징화되는 것처럼 말이다. 이런 경우 어떤 도시에서는 일정 정도의 소음이나 음주, 심지어는 비밀스러운 마약 거래까지도 크게 경찰의 관심을 끌지 못한다. 이런 것들은 특별히 반사회적인 행동이라고 볼 수 없기 때문이다. 그렇지만 경찰이 정말 관심을 기울여야 하는 곳은 소음이나 음주, 마약이 거래될 수 있는 유흥업소 같은 곳이다. 이런 곳들은 경찰과 정치가들이 말하는 냉정함과 질서, 그리고 사회적 존중과는 정면으로 대치되는 곳일 뿐만 아니라 이런 곳을 배회하는 사람들이 내지르는 소음과 행동은 분명 일반시민들에게 위협이 되고 있기 때문이다.

물론 경찰에게 사회적으로 허용할 수 있는 범위의 한계를 명확히 정해주고 이를 벗어난 행동에 대해서만 제재를 가하라는 것은 현실적으로 불가능한 일이다. 하지만 질서유지에 대한 특정한 기준이 없다면, 경찰력을 통한 사회의 안정적 유지 역시 기대할 수 없는 것이 아닐까?

몰락하는 도시와 '깨진 유리창' 이론

심리학자 제임스 윌슨James Wilson과 경찰 관련 연구자인 조지 켈링George Kelling이 함께 작업해서 발표한 월간지 〈아틀란틱〉의 1982년 기사는 20세기 후반의 범죄학 관련 논문 중 가장 유명한 글로 손꼽힌다. '깨진 유리창 고치기'라는 주제의 이 논문은 경찰은 불법적인 행동만 엄중하게 감시할 것이 아니라 담당 지역의 무질서하고 보기 흉한 일들부터 바로잡아야 한다고 주장하고 있다. 두 저자는 무너져가는 미국 도시의 모습을 이렇게 묘사했다.

> "아무렇게나 내버려진 물건들, 제멋대로 자란 잡초, 그리고 깨진 유리창들. 어른들은 난폭한 아이들을 훈

계하는 일을 멈추고 아이들은 점점 더 대담하고 난폭
해진다. 가족은 해체되고 소속감 없는 사람들만이 드
나드는…… 쓰레기는 쌓여만 가고 사람들은 가게 앞
에서 술주정을 벌인다."

당시 미국은 살인 사건 발생률과 도시 내부의 문제들이 최고
조에 달하던 시기였다. 1980년대 초반 주택지 개발의 물결이 시
작되자 미국 도심지역은 '재개발'을 외치며 앞다투어 건물을 지
어 올렸다. 하지만 정책의 실패로 볼티모어나 디트로이트 같은
도시의 중심지에는 버려진 물건이나 텅 빈 공간들이 늘어갔고,
동시에 우익 인사들은 복지기금 문제와 근로자 계층의 일자리
가 줄어드는 문제를 공격하기 시작했다. 그러자 도시 거주 가구
의 소득 수준은 계속 내려갔고 자신들이 살고 있는 공동체의 사
회기반 시설을 유지하고 보수하는 일도 점점 소홀히 하게 되었
다. 이후 미국 대부분의 도심지역 공동체들은 흑인들이 장악하
게 되었다.

이 시기 도시 거주민들은 자기 힘으로는 어쩔 수 없는 사회
및 경제개발의 피해자였지만 윌슨과 켈링은 이 문제를 단순히
그들의 불운 탓으로 돌렸고, 이는 훗날 수많은 경찰과 정치가
들이 인용하는 중요한 주장이 되었다. 왜 애초에 깨진 유리창을
수리하지 않았느냐? 왜 처음부터 쓰레기를 줍는 사람이 하나도

없었느냐? 이런 지엽적인 이슈로 문제의 초점이 옮겨가버린 것이다.

자식 교육을 포기한 부모들과 그 본연의 기능을 잃어버린 가족의 해체는 1980년대 미국 도심 지역의 가장 큰 문제였고 지금도 심각한 문제로 남아 있다. 하지만 이 '깨진 유리창' 이론을 통해서 보자면 그들은 자신들이 겪고 있는 경제적·사회적 불운을 자신들의 잘못으로 여길 수밖에 없었다.

윌슨과 켈링은 사소한 문제에 먼저 초점을 맞추는 일, 예를 들면 지하철 무임승차와 같은 일들을 해결하는 게 중요하다고 주장했고 훗날 뉴욕시는 '무관용 원칙zero tolerance'이라는 이름으로 이들의 주장을 정책에 반영하게 된다.

무관용 원칙은 사소한 위법행위라도 죄질이 나쁠 경우 엄격하게 처벌한다는 사법 원칙을 말한다. 앞서 얘기했듯이 깨진 유리창 하나를 방치하면 나중에는 그 일대의 도시가 무법천지로 변한다는 '깨진 유리창' 이론에 입각한 것이다. 1994년 미국 뉴욕시는 이 원칙을 도입하여 경범죄, 윤락행위 등을 집중 단속함으로써 2년 만에 우범지대였던 할렘 지역의 범죄 발생률을 40퍼센트 정도 떨어뜨렸다. 윌슨과 켈링의 논문은 이 무관용 원칙에 대해서는 언급하지 않았지만 이러한 정책이 탄생할 수 있는 이론적 토대를 제공한 셈이다.

무관용 원칙은 아주 현명한 용어 선택이었다. 이 말은 남성들의 폭력에 대항하는 여권주의자들의 운동 용어로도 쓰였고 음주운전을 근절하려는 고속도로 순찰대에 의해서도 사용되었다. 그러나 용어 자체로는 인기를 얻었지만, 무관용 원칙은 어떤 특정 행동에 어떻게 대응해야 하는지에 대해서는 논쟁의 여지를 남겼다. 강간 같은 사건은 논쟁의 여지가 없었지만, 길거리에서 마주치는 수많은 '무질서'한 행동에 이 정책을 적용하는 것은 어려움이 있었던 것이다.

그러나 이 정책이 영국에서는 1998년 '범죄 및 무질서 대책법'으로 입법화되었으며 유럽의 다른 국가들과 남아메리카의 아르헨티나에도 도입되었다.

논문이 발표되고 무관용 원칙이 도입된 이후 미국과 영국, 캐나다와 대부분의 선진국들에서는 범죄율이 하락했다. 그에 따라 경찰 예산 또한 늘어만 갔다. 그런데 만일 경찰 자원이 이 논문이 주장하는 대로 무질서의 원인을 '규명'하는 데 투입된 것이라면 경찰 예산은 지난 25년간 상당 부분 감소했어야 한다. 따라서 경찰 예산이 늘어난 요인은 다른 곳에서 찾아야 한다.

결국 경찰은 보수적인 정치인, 불안에 떠는 가정의 가장들과 합세해 노숙자나 공공장소에서 음주를 일삼는 젊은 청년들, 또는 일용직 근로자들에 의해 야기된다고 생각되는 무질서의 문제를 '해결'한다는 명목으로 더 많은 예산과 인원을 얻어내는 데 총력을 기울였던 셈이다.

다른 한편으로는 세대 간의 불화, 이주민 문제, 각 도시들 간의 불균형 문제로부터 불거지는 새로운 문제점들이 경찰의 예산을 늘리는 요인이 되었다. 예를 들어 서유럽 국가에서는 루마니아를 비롯한 다른 동유럽 국가로부터 집시들이 이주를 시작하자 불안감이 확산됨은 물론 도심 지역이 극심한 인구 집중현상을 보였다. 따라서 수치상의 범죄율은 하락했어도 대부분의 국가에서 경찰력과 예산은 늘어날 수밖에 없는 것이다. 결국 무질서와 범죄를 막아내려는 경찰의 노력은 지방 정부와 세금을 내는 국민의 주된 의제로 남게 되었다.

기록하고 전달하는
정보 거래자로서의 경찰

경찰이 등장하는 텔레비전 드라마를 보고 있노라면 경찰은 참
으로 극적이면서도 매력적인 삶을 살고 있구나 하는 생각이 절
로 들게 마련이다. 드라마에 나오는 경찰들은 심각한 범죄를 멋
지게 해결하고 악당들을 추적하며 거의 언제나 드라마 막판에
가서 범인들을 체포하는 데 성공한다.

하지만 실제 경찰 업무에서 누군가를 체포하는 일은 아주 드
문 일이며 사건이 해결되는 비율도 그리 높지 않다. 미국 경찰
관의 경우 체포 건수는 1주일에 약 한 건 정도이며 살인 사건의
경우 사건이 해결되는 비율은 50퍼센트 언저리를 맴돈다. 그렇
다면 경찰은 어떤 일들을 하는가? 일반 경찰관의 하루 일과를
살펴보면 꽤 많은 시간을 경찰서에 앉아 동료들과 잡담을 하거
나 서류작업을 하고, 외부기관의 요청에 따라 정보를 내보내는

일에 할애하는 것을 볼 수 있다.

경찰 문제를 연구하는 유명한 학자인 리처드 에릭슨Richard V. Ericson은 수십 년간 경찰의 뒤를 쫓아 그들이 업무시간을 어떻게 보내고 있는지를 조사한 끝에 이런 결론을 내렸다.

"경찰은 이제 더 이상 범죄자들을 체포하는 일을 주 업무로 하지 않는다. 경찰은 이제 '정보 거래자'의 역할만 할 뿐이다."

이 말은 경찰관들이 다른 어떤 일보다 자신들이 검문하고 순찰을 돌았던 지역에 대해 기록하고 정리하는 데 많은 시간을 할애하고 있다는 뜻이다. 일단 정보가 정해진 형식에 맞춰 기록되고 나면 경찰관들은 다른 부서들과 기록된 정보를 공유하는 데 노력을 쏟고 그다음엔 기록된 정보를 다시 정리하거나 재배치한다. 이렇게 경찰관들이 정리해놓은 정보의 내용들은 정치적인 목적에 따라 자신들이 직접 사용하기도 하며 외부기관이 사용하기도 한다.

특히 중국처럼 반체제 움직임을 감시하고 통제하는 데 경찰이 큰 역할을 하는 나라에서는 경찰이 정부의 각계각층 및 공산당 본부와 밀접한 관계를 유지하며 자신들이 거리에서 수집해 온 이러한 정보들을 공유하는 데 대부분의 업무시간을 할애하고 있다. 물론 우리가 중국 경찰이 실제로 어떤 일들을 하는지 정확히 알 길은 없지만, 이는 냉전시대에 소련을 비롯한 동유럽 국가의 경찰들이 어떤 일들을 했는지를 통해 충분히 짐작할 수 있는 일이다. 정치와 사상문제에 깊숙이 개입하는 일이 바로 그 당시 경찰의 일상적인 업무였다. 경찰들이 감시 업무를 하는 것은 어느 선까지는 어쩔 수 없는 일이라고 하더라도, 민주정치를 하지 않는 국가에서는 이런 일이 더욱 노골적으로 행해지고 있다.

체제를 막론하고 모든 국가의 경찰들은 매일 교통 관련 업무와 군중들의 통제, 문화 관련 행사의 안전 점검, 범죄 문제도 해결해야 하며, 때로는 화재나 홍수 현장에도 달려가 봐야 한다. 이러한 모든 업무들 뒤에는 어마어마하게 많은 서류작업이 뒤따르고 있다. 세계 각국의 경찰들이 정치적 사찰을 포함해서 이렇게 매일 쉬지 않고 해야 하는 업무들을 정리해보면 다음과 같다.

- 취업 문제와 관련된 전과기록의 정기적 관리
- 이민자들과 정부의 민감한 부서에 채용된 사람들에 대한 보고서 제출
- 보험회사 업무를 위한 도난 차량 보고서, 교통사고 보고서, 무단침입 및 강도사건 보고서
- 개인 거주자 및 사업주를 위한 정기적 순찰 정보 제공. 책자나 영상

물 형태로 제공됨

- 무단 침입 및 의심스러운 행동들에 대한 보고서
- 집행유예, 가석방 중인 사람들을 관리하기 위한 법정 및 교정기관과의 지속적인 관계 유지

마지막 두 가지 사항은 범죄 및 범죄자들과 관련된 업무이지만 이것 역시 서류작업이 대부분이다. 어떤 독자들은 경찰 업무를 일반 관료들의 업무처럼 일방적으로 획일화해서 평가하는 일이 적절하지 않다고 할지도 모르겠다. 그렇지만 이렇게 하지 않는 대부분의 남반구 국가의 경찰들이 부패와 깊이 연루되어 있다는 것은 부인할 수 없는 사실이다.

정보 거래 이면에서 벌어지는 심각한 경찰의 부패상

'부패'라는 단어는 으슥한 곳에서 은밀히 이루어지는 개인적인 뇌물수수와 같은 일들을 연상시키며 정상적인 관료제도와는 상반된 모습으로 비추어진다. 그러나 때때로 부패는 정부 관리들 사이에서는 물론 경찰관들 사이에서도 노골적이고 조직적으로 발생한다. 특히 일을 쉽게 처리해달라며 건네는 돈을 받는 경찰의 부패한 행태는 정보 분야를 다루는 일반적인 관료들의 모습과 꽤나 유사하다.

나의 개인적인 경험이 에릭슨의 연구 결과를 뒷받침해주는 좋은 예가 될지는 모르겠지만 경찰이 주로 하는 일이 '정보 거래자'라는 사실은 부패의 현장에서 특히 심했다.

1990년 나는 페루의 리마에 살고 있는 동생을 만나러 갔다가 여권을 도둑맞았다. 현지 경찰이 도둑을 추적해 여권을 되찾아주기를 기대하기는 힘들어서 임시여권을 발급받기 위해 캐나다 영사관을 찾아갔다. 그랬더니 여권을 도둑맞았다는 사실을 증명해줄 현지 경찰의 공식증명서가 필요하다는 것이었다.

그러면서 영사관 직원들은 모두 입을 모아 내 동생과 똑같은 말을 늘어놓았다. 일을 원활하게 처리하고 싶으면 미국 달러를 내밀라는 것이다. 이때 동생은 이렇게 말했다.

"난 현지인이니까 10달러면 충분하겠지만 누나는 캐나다 여행객이니까 20달러는 내야 할 거야."

바로 이 대목에서 페루 경찰의 부패상을 즉시 접할 수가 있다. 공식적인 경찰의 협조를 얻는 데도 이렇게 정해진 뇌물수수의 법칙이 존재했던 것이다.

하지만 나는 여권과 함께 가진 돈을 다 잃어버렸고 은행업무도 제대로 볼 수 없었기 때문에 필요한 돈을 찾을 수가 없었다. 다행히 동생에게 미국 달러가 조금 있었지만 생각해보면 여간 쓸쓸한 일이 아닐 수 없다. 자국 국민을 보호할 의무가 있는 영사관이 피해를 당한 국민에게 현지 경찰의 증빙서류를 받아오라고 하다니 말이다.

여하튼 우리 남매는 가장 가까운 경찰서를 찾아갔다. 나는 경찰에게 상황을 설명하고 동생이 빌려준 20달러짜리 지폐를 건넸다. 그러자 그 경찰은 놀라울 정도로 빠른 속도와 친절한 태도로 나에게 필요한 서류를 건네주었다.

나는 그 서류를 들고 다시 캐나다 영사관으로 돌아가 몇 시간 동안 줄을 서서 기다렸다. 여기서도 만일 돈이, 그러니까 뇌물이 필요했다면 나는 기꺼운 마음으로 지불했겠지만 다행인지 불행인지 캐나다 영사관에서는 그런 일이 통하지 않았다.

마침내 내 차례가 되었고, 나는 캐나다로 돌아갈 임시여권을 발급해달라고 했다. 그러자 그렇게 하려면 보증인의 서명이 필요하다는 답이 돌아왔다. 결국 나는 캐나다 영사를 보증인으로 세우고 그의 서명을 받기 위해 캐나다 달러로 50달러를 더 지불해야만 했다. 영사는 누군지도 모르는 관광객들의 보증인이 되어주었지만, 이게 무슨 보증인지는 알다가도 모를 일이다. 여하튼 영사는 지체 없이 서명을 해주었고 나는 동생에게 총 70달러의 빚을 남긴 채 캐나다로 돌아올 수 있었다.

물론 그렇게 지불한 내 돈 50달러가 영사 개인의 호주머니로 들어가지는 않았을 것이다. 캐나다 영사야 꽤 많은 월급을 받고 있을 테니 굳이 그런 푼돈까지 탐낼 이유는 없을 것이다. 하지만 페루 경찰은 페루 사회의 다른 공무원들과 마찬가지로 제때 지불되지 않는 들쭉날쭉한 봉급을 메우기 위해 부수입이 필요했을 것이다.

정부 공무원의 열악한 근무환경과 국가의 구조적 문제가 결합되어 공식문서를 발급받는 데 필요한 공식가격이 형성된다는 사실은 공식적으로 발표된 적은 없지만 누구나 알고 있는 일이다. 정부 관료들은 여권 분실자 같은 눈독을 들일 만한 먹이감이 이 기관에서 저 기관을 거쳐야 하는 영역 안에 들어오길 바랄 수도 있다.

내가 겪은 소소한 불행 덕분에 나는 공식적이며 합법적으로 이루어지는 일과 아무도 모르게 20달러로 해결할 수 있는 일의 공통점을 찾아낼 수 있었다. 바로 정보의 생산이다. 정보의 생산과 전달이야말로 현대사회의 경찰이 하는 핵심 업무였던 것이다.

그럼에도 경찰의 정보 관리 업무는 중요하다

경찰관들은 '서류작업'이라고 부르는 자신들이 하는 일들을 의미 없는 일로 여기고 있다. 자신들이 해야 할 진짜 업무를 가로막는 골칫거리라고 말이다. 하지만 경찰이 많은 시간을 들여서 하고 있는 정보수집 및 기록, 재정리와 재입력, 그리고 처리된 정보를 상관이나 외부기관에 보고하고 제공하는 일은 그렇게 의미가 없거나 무익한 일이 아니다.

경찰의 서류업무는 요즘 같은 정보 폭주 시대에 나름의 큰 공헌을 하고 있다. 때때로 경찰이 애써 작성한 서류들이 책상 서랍 속에서 먼지를 뒤집어쓰고 있기는 하지만 대부분의 경우에는 나중에 중요하게 쓰일 때를 대비해서 잘 정리되어 보관된다. 경찰이 만든 자료들에는 특정 지역의 강도 사건 발생 비율 같은 일반적인 정보는 물론 개인의 신상자료까지 포함되어 있다. 이러한 자료들이 다양한 관련 기관에 끊임없이 제공되는 것이다. 이 기관들은 범죄 관련 기관뿐 아니라 보험회사와 언론매체, 정치가와 학교 이사회까지 다양하다.

정보 관리와 정보 체계의 중요성이 증가함에 따라 경찰에 의한 정보 거래 또는 전달자 역할은 경찰 업무의 많은 부분을 차지하게 되었다. 경찰들이 그 서류작업을 경멸하든 불가피한 업무로 인식하든 상관없이 말이다.

이름 없는 조직에서
특수범죄 전문기관으로 변신한 FBI 변천사

1908년 6월 29일 미국의 법무장관 찰스 보나파르트Charles J. Bona-parte는 미국 법무부 산하에 43명의 요원들로 구성된 이름도 없는 작은 수사국 하나를 만들었다. 의회는 이 수사국을 의심스러운 눈초리로 바라보며 정부가 정치적인 문제에 영향력을 미칠 수 있는 비밀 정치경찰을 조직한 것이 아닌가 하는 두려움마저 느꼈다. 그래서 의회는 수사국 소속 요원들에게 무기를 소지하거나 사람들을 체포할 수 있는 자격을 부여하지 않았다. 요원들이 누군가를 체포해야 할 때는 같이 동행한 지역 경찰의 힘을 빌려야 했다.

이 작은 조직은 처음에는 주로 경제 관련 사건들을 맡아서 조사했다. 연방정부의 은행법이나 반독점법 등과 관련된, 일반적인 경찰업무를 벗어나는 사건들을 맡았던 것이다. 그렇지만 여성과 관련된 악질범죄를 처결하고자 하는 도덕적 열정으로 1910년 제임스 로버트 만James Robert Mann 의원이 발의한 연방정부의 이른바 '만 법Mann Act'이 통과되면서 연방수사국에는 큰 변화가 일어났다. 이제 수사국 요원들은 "비도덕적인 목적으로 여성들을 주 경계선 밖으로 빼돌리는" 범죄자들을 자기들 손으로 체포할 수 있게 된 것이다.

이 법안이 발효되자 요원들은 이런 조직 범죄망뿐만 아니라 이런저런 추문에 휩싸인 일반시민들도 조사할 수 있게 되었다. 1917년 러시아에서 공산혁명이 일어났을 때에는 '빨갱이 열풍'을 타고 좌익계열 시민들을 수사선상에 올렸다. 미국 내 공산주의자들에 대한 공포가 미국 전역을 휩쓸었던 것이다. 특별한 임무를 부여받았지만 여전히 부서 이름조차 없었던 요원들은 미국이 제1차 세계대전에 참전하자 이번에는 전쟁과 관련된 국내 첩자들을 추적하는 임무까지 맡는 모습으로 변신했다.

'미 연방 수사국'이라는 정식명칭은 1935년이 되어서야 비로소 사용되었고, 이 수사국을 이끌게 된 새로운 국장이 바로 존 에드거 후버John Edgar Hoover였다. 교활한 선동가였던 후버 국장은 방송과 연예오락 산업을 이용해서 연방 수사국을 대중적으로 유명하게 만들고는 의원들을 압박해서 FBI에 배정된 예산을 늘려갔다.

다시 말해 1950년대와 1960년대 주말마다 방영되던 텔레비전 프로그램 〈FBI 이야기〉는 수백만 명에 달하는 미국 시청자들의 눈을 사로잡아 공산주의에 대항하고 국가의 안전을 지키는 특수수사대의 필요성을 국민에게 각인시켰던 것이다. 공산주의에 대한 극렬한 두려움은 결국 미국 국민으로 하여금 전통적인 지역 보안관과 경찰력보다는 연방 수사국인 FBI에 더 큰 신뢰를 보내도록 만들었다.

1989년과 1991년 사이 당시 적성국이었던 공산주의 국가 소련이 몰락하자 FBI는 큰 위기를 맞았다. 현존하던 적성국이 사라지자 예산이 축소되기 시작했던 것이다. 그렇지만 다시 한 번 방송과 영화 산업의 힘을 빌려 FBI는 국민의 눈과 귀를 사로잡았다. 연쇄살인 사건 같은 다양한 엽기적 사건 속에서 맹활약하는 FBI요원들의 모습을 영화와 드라마에서 지속적으로 비춰줌으로써 FBI는 특수범죄를 다루는 전문기관으로 이미지 변신을 했다.

법적으로는 연쇄살인 역시 여느 살인 사건과 다를 바 없었고 많은 심리학자들은 이런 연쇄살인을 저지르는 범인들을 특수한 경우로 다루는 것은 불필요하다고 입을 모았다. 그렇지만 FBI는 특수행동과학 부서를 창설하고 방송의 힘을 빌려 국민에게 연쇄살인을 특수한 범죄로 각인시켰고, 그렇게 함으로써 일반 경찰을 넘어서는 특수 전문집단으로 변신할 수 있었다. FBI의 변신은 경찰력이 필요에 따라 얼마든지 새로운 부서를 만들어낼 수 있다는 하나의 사례로 남게 되었다.

6장

법의 해악,
법 집행에 따른 부작용

◇·◇·◇·◇·◇·◇·◇·◇·◇·◇·◇

의사가 환자를 치료하거나 약을 처방할 때
부작용이 생기지 않도록 최선을 다해야 하듯
책임감을 가진 정치가들과 시민 역시 법을
만들고 적용할 때 주의에 주의를 거듭해야만 한다.

◇·◇·◇·◇·◇·◇·◇·◇·◇·◇·◇

성매매, 금지할 것인가 허용할 것인가

건강 관련 연구자들이나 의사들은 이른바 '병원병'에 대해 큰 관심을 기울이고 있다. 병원병이란 병이나 상처에 대한 치료가 다 끝났는데도 불구하고 거기서 다시 새로운 문제나 부작용이 생기는 것을 의미한다. 어느 부주의한 외과의사가 수술용 칼을 환자의 위장 속에 남겨둔다거나 병원의 가구로부터 세균에 감염되는 일 따위가 바로 병원병의 예들이다.

법 집행 영역에서는 이와 유사한 용어가 없다. 하지만 많은 연구자들은 법과 법 집행에 관련된 정책들이 종종 부작용을 일으켜 새로운 해악을 만들어내고 있음에 주목하고 있다. 특히 성매매와 마약은 법 집행 과정에서 좋은 결과보다는 해악을 만들어내는 심각한 문제이기도 하다.

성매매는 어떻게 관리되어야 하는가

사법 제도 안에서 성매매를 근절시킬 수 있다고 믿는 사람은 거의 없지만 그럼에도 대부분의 국가가 성매매를 불법 행위로 규정하고 있다.

성매매법은 포주의 강압과 폭력에 시달리는 성매매 여성들의 실상을 보여주는 것이다. 포주들은 성매매 여성들을 손아귀에 움켜쥐고는 경찰들에게 뇌물을 상납하게 하거나 경찰의 단속을 감시하게 하는데, 이런 일들은 모두 범법 행위들이다. 여성이 단순히 성매매를 했다는 이유 하나만으로 구속을 하는 지역은 거의 없지만, 많은 국가에서 경찰들은 아무런 거리낌 없이 성매매 여성들을 학대하거나 강간하기도 한다.

이렇게 학대를 당하고 범법자가 될 것을 뻔히 알면서도 성매매를 그만두지 못하는 이유는 그들이 이미 사회에서 배척당한 계층이며 생계를 이어갈 만한 적당한 기술이나 지식이 없기 때문이다.

미국을 포함한 영어권 국가에서 집행해온 성매매법은 역사적으로 볼 때 두 가지 불합리한 전략 사이에서 우왕좌왕했다. 하나는 성매매 여성들과 업소들을 허가해주는 대신 특정 지역에 모아 엄격하게 관리를 하는 것이다. 또 하나는 업소는 폐쇄하되 개인적인 성매매 행위는 허가를 해주는 것이다.

도시화가 진행되던 19세기 초에 경찰은 홍등가, 즉 성매매가 이루어지는 유흥가를 관리하기 위해 특정 지역에 성매매 업소들을 허가해주는 방식을 사용했다. 그 결과 성매매에 연루되고 싶지 않은 점잖은 사람들은 이런 지역을 피해 다닐 수 있었으며 성매매 여성들의 안정성도 더 보장되었다. 물론 그렇다고 해서 성매매 여성들의 생활환경이 나아진 것은 아니다. 하지만 적어도 안전한 관리는 이루어졌다.

그러나 영국과 미국의 시민 개혁가들은 줄기차게 대중의 반대 여론을 이끌어내 성매매업을 허용한 경찰 총수를 비난하고 나섰다. 결국 이 운동에 무릎을 꿇은 경찰은 홍등가를 습격해 성매매 업소들을 도시 주변으로 몰아냈고, 한데 모여 있던 성매매 업소들은 이곳저곳에 흩어져 난립하게 되었다.

그러자 주민들에게서 새로운 불만이 터져 나왔다. 지금까지는 보지 않고 피해 다닐 수 있었던 성매매 행위나 거래 등이 공공연하게 눈에 드러나게 되었던 것이다. 이렇게 해서 경찰들은 다시 개인적인 성매매 행위만을 눈감아주게 되었고 이것이 바로 지금의 미국 상황이다. 즉, 미국의 '애인 대행 사업'은 크든 작든 법망을 벗어날 수 있지만, 길거리에서 직접 성매매 행위를 하는 여성들은 경찰의 수사 표적이 되었고 성폭력의 위험도 크게 높아졌다.

이렇게 백여 년간 갈피를 잡지 못했던 성매매 정책은 성매매를 범죄로 규정하는 일이 얼마나 무익한 것인지 여실히 보여주고 있다. 또한 한 가지 유형의 성거래에만 집중하는 일이 얼마나 근시안적인 일인지도 보여준다. 하나를 금지하면 또 다른 하나가 고개를 들고 나오는 것이다. 하지만 이 문제에 대해 실제적인 관심을 기울이는 정치가들은 거의 없다.

누구나 염려하는 이러한 해악을 최소화하기 위해 지금까지 다양한 정책을 펼쳐왔지만 실제적인 해결책은 나오지 못한 형편이다. 이른바 허용 지역, 즉 경찰과 지역 주민, 그리고 성매매 여성들이 합의한 거리의 일정 구역에서 성매매를 허용해주는 성매매법은 네덜란드나 독일 같은 유럽의 일부 국가들에서 실시되고 있으며, 영국과 스코틀랜드 그리고 오스트레일리아의 일부 지역에서도 실시되고 있다.

이러한 성매매 관리 방식은 때때로 주민들의 불평을 줄이고 관련 여성들의 안전을 보장하는 데 큰 성과를 보여왔다. 반면 성매매 행위가 여전히 범죄로 규정되어 있는 나라에서는 성매매 허용지역이 제대로 지켜지지 않을 뿐만 아니라 경찰관들이 언제라도 성매매 여성 또는 그 손님들을 체포할 수 있다. 이런 경우 더욱 음지로 숨어들게 되는데 그 결과 더 큰 부작용을 불러올 수도 있다.

성매매 허용 지역을 두어 부분적으로 합법화하는 일은 주로 경찰정책의 실패와 주민들의 요구에 의해 이루어진다. 도심에 사는 주민들은 성매매를 범죄화하는 규정이 제대로 지켜지지 않는 것을 종종 보아왔다. 또한 성매매 행위와 그 해악들을 규제하는 정책속에 자신들이 직접 연관되는 것을 바라지 않는다. 그러기 때문에 성매매 허용 지역을 요구하는 것이다. 성매매 업소 또한 전면적인 합법화가 되면 좋겠지만 성매매 부분 합법화에 만족하지 못한다면, 합의 자체가 깨어질 가능성이 있으므로 조심스럽다. 실제로 영국의 몇몇 도시에서는 이런 일들이 벌써 벌어진 바 있다.

그러나 이런 부분 합법화 과정이 최선은 아니다. 성매매 부분 합법화는 때때로 성매매 여성들을 둘러싸고 있는 환경을 더욱 심하게 압박하는 결과를 가져오기도 하기 때문이다. 이러한 사례는 미국의 네바다 주와 19세기의 프랑스 파리에서 쉽게 찾아볼 수 있다.

네바다 주에서는 원한다고 해서 성매매 업소를 열거나 길거리에서 마음대로 영업할 수 없다. 성매매가 허용된 지역에서만 영업을 할 수 있는데, 이곳에서 일하는 성매매 여성들은 공공연한 무시와 학대를 받고 있다. 게다가 업소의 주인과 관리자들은 그들이 벌어오는 돈의 대부분을 갈취하고 있다.

이러한 문제점들이 변호사들에 의해 잘못 부각된다면 성매매의 부분 합법화 자체가 또 다른 해악으로 비춰질 수 있다. 그렇다고 해서 이런 종류의 일을 완전히 불법으로만 규정하는 것 또한 현실적이지 못하다. 그렇게 되면 성매매 여성들은 연금, 건강

보험, 그리고 그 밖의 정당한 근로자로서의 권리를 전혀 누리지 못하게 될 것이다.

만일 성매매 행위를 제대로 관리하지 못한다면 이렇게 음지에서 일하는 사람들은 영원히 이런 종류의 일에서 빠져나올 수가 없다. 그러므로 일정 형태의 관리는 반드시 필요하다. 여러 관리 체계를 통해 근로자들의 권리를 보장해주는 다른 직업들처럼 말이다.

법의 심판이 엄정하게 이루어질 경우 성매매의 해악이 더욱 커진다는 것은 분명하다. 성매매의 불법화가 이 직업에 종사하는 전 세계 수백만 명의 여성들을 경찰과 포주의 폭력, 그리고 열악한 환경 앞에 내던지는 꼴이라는 것을 인식한다면, 우리는 성매매 여성들을 목표로 한 법의 집행이 곧 세계 여성들에 대한 또 다른 압제와 폭력으로 이어질 수 있다는 사실을 깨달아야만 한다.

성매매법은 법이 만들어내는 해악의 한 가지 예일 뿐이다. 미국이 주도하고 있는 국제적인 불법 마약 규제운동 또한 법과 질서를 지키자는 운동이 부작용을 불러올 수 있다는 또 다른 예가 될 것이다.

아편과 코카인, 금지할 것인가 허용할 것인가

2001년 말 미국과 나토군 소속 병력이 아프가니스탄을 침공했을 때, 그들의 목표는 억압적인 탈레반 정권을 무너뜨리는 것이었다. 이때 군 병력과 민간인 자원봉사자들은 수십 년간 끊이지 않고 벌어진 침략과 내전으로 무너져버린 아프가니스탄의 경제를 다시 일으켜 세울 수 있다는 희망도 가졌다. 그렇지만 10년의 세월이 흐른 지금, 군은 여전히 치열한 전투를 벌이고 있고 경제를 회생시키는 데 필요한 기본적인 사회기반시설 구축은 요원한 일이 되어버렸다.

아프가니스탄 사람들은 그들을 둘러싼 척박한 자연환경에 맞는 전통적인 농작물의 재배에 크게 의존하고 있다. 그것은 바로 아편의 원료가 되는 양귀비이다. 2001년 초, 잠시 아프가니스탄을 지배했던 탈레반은 양귀비 밭의 대부분을 없애버려서

1990년대에 5~9만 헥타르 정도였던 양귀비 재배면적은 2001년에는 7천 600헥타르로 크게 감소했다. 마약에 대한 탈레반의 가혹한 법은 술과 서구음악에 대한 탄압으로 고스란히 이어지기도 했다.

탈레반 이후의 새 정권은 미국의 영향력 아래 들어갔는데, 그들 또한 아편을 공식적으로 인정하지는 않는다. 하지만 그들은 농부들이 수익을 낼 수 있는 유일한 작물인 양귀비를 재배하는 것을 막을 명분도 힘도 없었다. 그 결과 2003년 양귀비 재배면적은 8만 헥타르까지 늘어났고 2005년에는 10만 헥타르를 넘어섰다.

미국의 탈레반 정책과 양귀비 재배 금지법의 완벽한 실패

아프가니스탄에 주둔하고 있는 미군 고위 관계자들은 이러한 양귀비 재배가 증가하는 현상을 예의주시하고 있으며, 1920년대 미국에서 실시했던 금주법과 유사한 정책을 실시하기 위해 애를 쓰고 있다. 즉, 엄격한 양귀비 재배 금지법의 집행이다.

이에 따라 아프가니스탄에서는 양귀비 밭을 불태우거나 작물을 재배하지 못하도록 밭 자체를 오염시키는 작전 등이 실시되었다. 경제적인 문제에 대한 대안이 전혀 없는 상황에서 실시된 이러한 주둔군의 정책은 지역 주민의 정서와 문제는 전혀 고려하지 않은 것이었다. 미국의 정책에 대한 반발은 이미 예상된 것이나 다름없었다.

2007년 3월 캐나다 방송사인 CTV는 벨기에에 본부를 둔 한 연구소와 함께 아프가니스탄에서 대규모 여론조사를 실시했다. 그들은 미국과 캐나다 군 통제지역에 사는 아프가니스탄 주민 1천 700명을 대상으로 여론조사를 했는데, 탈레반이 추구하는 이슬람 근본주의를 지지하지 않는 사람들조차 아프가니스탄에 들어온 외국 군대가 자신들을 돕기보다는 오히려 해만 끼치고 있다고 대답했다.

특히 양귀비 재배에 대한 미국의 새로운 정책은 경제상황을 더욱 어렵게 만들고 있다고 답했다. 또 미국이 이렇게 공식적으로 양귀비 재배를 계속해서 금지시킨다면, 탈레반이 농부들을 지원해 이 정책을 공론화시켜 자신들의 정치적 입지를 강화할 수도 있을 것이라고 대답했다. 이러한 아프가니스탄 사람들의 여론은 강압적인 정책에 대한 반발의 표현이다. 응답자의 27퍼센트는 자신들은 이제 탈레반을 지지하겠다고 답하기도 했다.

벨기에 연구소는 이 여론조사를 언급하며 미국이 무조건 양귀비 재배를 금지하는 정책에서 돌아서서 좀 더 유연한 정책을 펴도록 권하고 있다. 양귀비 재배를 합법화하고 중간에 대리인을 내세워 수확한 양귀비를 사들인 다음, 이를 의료용 모르핀으로 만드는 정책을 실시해야 한다는 것이다. 영국 의료협회 역시 이와 비슷한 주문을 하고 있다. 좀 더 유연한 정책의 실시가 아프가니스탄의 경제 자립도를 높이고 세계적으로 물량 부족 현상을 보이고 있는 모르핀 계열 약제 제조에 도움을 줄 수 있다는 주장이다.

미국이 아프가니스탄에서 펼치고 있는 양귀비 재배 금지정책은 탈레반에 대한 정책과 다를 바 없다. 문제가 되는 상황들을 오직 무력으로만 진압하겠다는 이러한 정책은 크게 잘못된 것이다. 이는 앞서 언급한 성매매 문제와도 유사한 점이 많다.

미국의 많은 정치가들이 잘못 생각하는 것 중 하나가 어떤 문제든 불법으로 규정하면, 그 문제를 해결할 수 있다고 생각하는 것이다. 그렇지만 아편 재배든 탈레반 문제든 그리 쉽게 해결될 기미는 보이지 않는다. 즉, 아무리 많은 병력을 투입한다고 해도 문제가 완전히 해결될 것 같지는 않다.

사실 아프가니스탄에서는 무력을 동원하면 할수록 해당 지역 주민들은 미국인들을 점령군이라 생각하여 적대감을 키우고 있으며, 반면 탈레반에 대해서는 점점 동정심이 커져가고 있다. 이는 '병원병' 효과를 보여주는 정확한 사례라고 볼 수 있다. 문제를 해결하려는 노력이 더 큰 재앙을 불러오는 것이다.

아프가니스탄의 상황은 미국이 행하는 마약 정책의 단면을 보여준다. 그러면서도 미국은 세계 각지에서 생산, 유통되는 불법 마약의 대부분이 미국에서 소비되고 있다는 사실에 대한 정확히 검증은 거부하고 있다. 정책의 일관성 면에서 보자면 앞뒤가 맞지 않는 일이다.

최근 몇 년 사이 동유럽과 아시아 국가에서 마약의 사용이 급증하고 있기는 하지만, 여전히 미국은 세계 최대의 마약 소비국이다. 유럽에서는 매년 전체 인구의 약 5퍼센트 정도가 마약을 복용하는 반면, 미국에서는 그 수치가 1990년대 말에 이미 6.6퍼센트에 달했고, 2003년과 2004년에는 10퍼센트를 넘어섰다.

마약의 생산 자체를 무력으로 막아보겠다는 노력은 결국 마약의 가격만 올리고 있을 뿐이다. 이는 사회 문화적 요인으로 마약의 수요가 없어지지 않는 이상, 마약은 생산되는 장소만 바뀔 뿐 계속해서 생산된다는 사실을 의미한다.

남아메리카의 코카 재배 면적

연도	볼리비아	콜롬비아	페루	합계
1993	47,200	39,700	108,800	195,700
1995	48,600	50,900	115,300	214,800
1997	45,800	79,400	68,800	194,000
1999	21,000	160,100	38,700	220,600
2001	19,900	144,800	46,200	210,900

코카인과 남아메리카의 군사독재

1980년대 후반 공산국가들과의 경쟁이 서방세계의 승리로 막을 내리자, 미국 대통령 로널드 레이건은 마약을 앞으로 미국이 싸워야 할 가장 큰 적으로 선언했다. 레이건은 마약을 미국 국민의 건강문제를 넘어서 국가의 안보를 위협하는 가장 심각한 위험으로 생각했다.

이에 따라 미국 내의 마약 사용자들은 엄격한 경찰의 감시를 받게 되었지만 지역 경찰들은 엄청난 돈이 오가는 새로운 범죄 사업과 맞닥뜨리게 되었다. 특히 남아메리카에서 공급되는 코카인은 어마어마한 사업이 되어버렸다.

그 뒤를 이은 아버지 조지 부시 대통령은 이 '마약과의 전쟁'을 '남아메리카 작전Andean Initiative'이라는 이름으로 계속해서 전개했다. 이 작전의 핵심정책은 미국이 자금과 무기를 지원해 남아메리카의 정부들로 하여금 코카인의 원료가 되는 코카 재배와 마약 거래 문제를 직접 해결하게 한다는 것이다. 그렇지만 해당 국가의 군사독재정권과 결탁한다는 것은 그 목적이 무엇이든 언제나 더 나쁜 결과를 가져오게 마련이다.

미국 정부는 마약을 냉전 이후 가장 심각한 위협으로 간주함으로써 마약 거래를 근절하기 위한 무력 사용 및 군사적 개입을 정당화할 수 있었다. 그래서 미국 정부는 남아메리카의 콜롬비아, 볼리비아, 그리고 페루에 수백만 달러의 자금을 지원해서 이들 정부가 값비싼 무기를 사들이고 비행기와 헬리콥터를 이용해 코카 밭에 독성 제초제를 쏟아부어 코카 재배를 근절하도록 했다. 이른바 '남아메리카 작전'이다.

'남아메리카 작전'의 실질적인 효과를 연구해온 학자들은 코카 재배를 근절하려는 해당 국가의 노력이 어느 정도는 성공을 거두었다고 결론을 내렸다. 그렇지만 해당 국가 외의 다른 지역에서는 오히려 코카 생산이 더 늘어났고 그런 양상은 국경을 넘어서까지 확산되었다. 유엔은 남아메리카의 코카 재배면적을 근거로 코카 생산이 근절되기보다는 생산지가 이곳저곳으로 이동되고 있다고 발표했다.

2001년 이후의 보고서에 따르면 코카 재배면적은 약 17만 5천 헥타르까지 줄어들기는 했다. 하지만 이 결과는 코카 공급을 줄이려는 정책의 성공이라기보다는 주요 소비처인 미국 도시의 코카인 복용이 줄어든 결과로 보는 것이 더 타당하다.

코카 재배 근절 작전과 무자비한 군사적 행동은 이 지역의 코카 생산에 영향을 주긴 했지만, 남아메리카의 수많은 가난한 농부들에게 코카 재배야말로 가장 좋은 수입원이라는 사실만 다시 확인시켜 준 셈이 되었다. 공격을 받을 위험이 있어도 코카 재배는 여전히 다른 직업보다는 나은 일이었던 것이다. 별 효과 없이 남아메리카에 투입된 미국의 자금과 물량 규모를 살펴보면 다음과 같다.

- 미국은 매년 3억 달러어치 이상의 무기와 장비들을 남아메리카 국가들에 팔고 있음.
- 1997년과 2002년 사이에 미국은 남아메리카와 카리브 해 연안 국가들에게 군사 원조를 명목으로 30억 달러 이상을 지원했음.
- 코카인 거래로 인한 10억 달러 이상의 수입이 매년 콜롬비아에 근거지를 둔 유격대 FARC에 흘러들어가고 있음. 한편 마약 거래를 통제할 목적으로 우익 정치가들에게 들어가는 자금도 그 이상일 것으로 추정됨.

미국이 남아메리카 국가에게 실시하려 했던 마약과의 전쟁 정책은 이렇게 역효과를 낳았고 새로운 해악들만 만들어내고 말았다. 군사독재정권은 자금과 무기를 지원받아 그 세력이 더 강해졌고 비민주적인 권력 남용으로 말미암아 남아메리카의 인권상황은 더욱 악화되었다. 마약문제에 막대한 자금이 소요되었다는 것은 결국 도움이 필요한 다른 곳에 지원할 자금이 줄어들었다는 뜻이기 때문이다.

게다가 남아메리카 국가들에게는 보건과 의료지원 같은 도움과 정책이 절실하게 필요한데도 해당 정부는 미국의 정책에 따라 마약과의 전쟁에만 집중하고 있다. 전통적인 미국 의존적 정치 형태 때문에 자국의 정책이나 법 집행이 미국의 입김에 따라 좌우되고 있는 것이다.

남아메리카 국가들은 좀 더 도움이 될 수도 있는 유럽의 정책을 도입할 여지나 능력조차 부족했다. 예를 들어 에이즈 확산을 막기 위해 마약중독자들에게 1회용 주사바늘을 지급하자는 정책은 마약 자체를 반대하는 미국 정부의 격렬한 반대로 무산되었다. 유럽과 캐나다에서는 다양한 정책들이 시도되고 있지만, 남아메리카 국가들은 미국 '큰형님'의 도움이 끊어질까 봐 새로운 정책을 시도하지 못하고 있는 것이다.

정리하자면 미국이 주도하는 마약 관련 국제적 통제 정책은 코카인과 헤로인처럼 중독성이 심한 마약의 소비를 억제하지 못했을 뿐더러 새로운 해악만 만들어내고 말았다. 우선 남아메리카의 독재국가들은 자신들의 문화적·경제적 상황에 적합한 혁신적인 정책들을 제대로 실시하지 못하고 있다. 또한 엄격한 법 집행을 선호하는 미국의 정책에 따라 실시된 마약 대책은 의도했든 의도하지 않았든 남아메리카의 군사독재정권의 위상만 공고히 해주었다. 마지막으로 그 결과 국민을 위한 사회복지와 보건 문제는 어느새 뒷전으로 밀려나고 말았던 것이다.

미국 정부의 마약과의 전쟁과 그 부작용

미국 연방정부는 국내 마약전쟁에 소요되는 비용을 1981년 10억 달러에서 1999년 17억 달러까지 끌어올렸다. 같은 기간 미국의 마약 소비는 무려 300퍼센트가 증가했다. 게다가 마약과의 전쟁은 마약 가격조차 제대로 통제하지 못했다. 마약 공급을 줄이는 데만 집중하다 보니 새로운 공급책이나 마약 가격 등에 대해서는 손도 쓰지 못한 것이다. 다시 말해 정부가 거대 마약조직 등을 상대하는 동안 중소 규모의 마약조직들이 활개를 치게 되었고, 이렇게 되자 전체적으로 마약 가격이 내려가 무직자들이나 젊은 계층의 마약 소비가 늘어난 것이다.

이렇게 마약과의 전쟁은 엄청난 비용을 들이고도 마약을 완전히 근절하거나 소비를 더 어렵게 만드는 데 실패하고 말았다. 그렇다고 해서 국내에서 벌인 마약과의 전쟁이 아무런 효과가 없었다는 것은 아니지만 그것은 불행히도 역효과였다.

도심지역 내 공동체, 특히 아프리카계 흑인들이 살고 있는 지역에서는 지난 30여 년간 부정적인 변화들이 생겨났다. 마약 거래 단속정책은 사실상 냉혹한 우익성향 정책과 분리해서 생각할 수가 없다. 예를 들어 복지정책도 줄어들었고, 엄격한 법 집행으로 말미암아 형량이 무거워지면서 감옥에 수감되는 기간도 길어졌다. 또한 같은 죄목으로 세 번 이상 기소되면 중형을 선고 받는 이른바 '삼진아웃' 제도도 생겨났다.

게다가 전문가들은 마약과의 전쟁으로 인종 간의 불평등 문제가 크게 증가했다고 보고 있다. 엄격한 법 집행이 실시되는 동안 미국사회 하층부를 구성하는 인종적으로 차별받는 아프리카계 미국인들이 감옥에 수감되거나 법의 감시를 받는 일이 크게 늘어난 것이다.

정부의 정책은 이렇듯 의도와는 달리 부정적인 결과를 가져오는 경우가 흔하다. 정부의 의도는 마약중독과 마약 거래를 근절하자는 것이었지만 그 엄격한 마약 관련 법 집행의 실제 효과는 이렇게 전혀 다른 결과를 가져와 '잠재적 노동인력'인 젊은 계층을 포함해 수많은 사람들을 감옥에 집어넣었고 가정은 파괴되었다. 마약과의 전쟁 및 관련 정책이 가져온 부정적인 효과로 인해 아프리카계 미국인 사회는 다음과 같은 상황을 맞이했다.

- 1980년부터 2000년 사이 미국의 교도소 수감인원은 300퍼센트 증가했음. 이러한 수치는 국제적 기준을 50만 명 이상 초과한 것임. 수감된 죄수와 수감을 기다리고 있는 범죄자들의 숫자는 거의 200만 명에 육박하고 있음.
- 아프리카계 미국인들은 미국 전체 인구의 13퍼센트 정도를 차지하지만 1999년 기준으로 수감 인원의 46퍼센트가 흑인임.
- 1965년과 1969년 사이 출생한 남성 중 흑인의 20퍼센트가 30대 초반에 수감된 전력이 있는 반면 백인 비율은 3퍼센트에 불과함.

미국의 많은 사회 활동가들과 학자들은 인종적으로 차별받는 소수 계층의 대규모 수감사태에 대해 심각한 우려를 표명하고 있다. 어떤 이들은 생산직 근로자들의 일자리가 점점 줄어들고 있는 상황을 사회적 안전망의 감소와 대량 수감사태에 연관시켜 지적하기도 했다.

현재 수감되어 있는 약 150만 명의 미국인들은 실직자나 복지급여 혜택을 받는 계층에 포함되지 않는다. 그래야 전체 인구에 대한 정부의 공식적인 실직률 수치가 줄어들기 때문이다. 더 큰 맥락에서 보자면, 1955년에 고등학교를 그만둔 흑인이나 히스패닉계 남성은 공장에 취직할 수도 있었고 노조에 가입해 복지혜택을 누릴 수도 있었지만 지금 고등학교를 그만둔 흑인이나 히스패닉계 남성이 할 수 있는 일은 마약 거래 같은 일뿐이다. 노조를 가지고 권리를 행사할 수 있는 생산직 일자리가 거의 남아 있지 않고 도심에 살고 있는 가난한 가족들을 돌봐줄 사회적 안전망도 현저하게 부족한 상태이기 때문이다.

대량 수감사태는 분명 마약 거래를 근절하기 위한 정책이었다. 하지만 이러한 강경한 법안을 통과시킨 정책 입안자들의 의도가 무엇이었든 간에, 범죄 행위에 연루되지 않고 생계를 이어갈 수 있는 대안이 없는 상태에서 내놓은 이러한 법은 미국 도시의 빈민 계층을 파멸로 몰아넣고 있다.

우리가 이 책의 첫 장에서 살펴보았듯이 법은 민주적인 개혁과 공정함을 찾는 공동체를 위한 중요한 기반이 될 수 있다. 그러나 법과 사법 정책들은 정부의 성매매 및 마약 대책에서 보았듯이 사회에 또 다른 종류의 해악을 끼칠 수 있다. 이는 지구 전체를 통틀어 공통적으로 벌어지고 있는 현상으로, 미국 시카고의 흑인 거주 지역이나 콜롬비아의 산악지역 모두 사정은 마찬가지이다. 게다가 법 집행을 엄격하게 시행하는 정책은 종종 역효과를 불러일으키고 있으며, 설사 그런 정책이 성공했다 하더라도 이는 문제점을 완전히 해결한 것이 아니라 미봉책에 불과할 때가 많다.

성매매 여성들의 영업을 단속하면 그들은 그저 영업의 근거지를 다른 곳으로 이동한다, 남아메리카 어느 지역의 코카 재배를 금지한다 해도 금방 다른 지역이나 다른 나라에서 코카 재배가 시작된다. 성매매나 코카인에 대한 수요가 존재하는 한 이런 일은 계속해서 반복될 수밖에 없다.

의사가 환자를 치료하거나 약을 처방할 때 부작용이 생기지 않도록 최선을 다해야 하듯이, 책임감을 가진 정치가들과 시민들 역시 법을 만들고 적용할 때 주의에 주의를 거듭해야만 한다.

7장

민주주의와
정의사회 구현

◇·◇·◇·◇·◇·◇·◇·◇·◇·◇·◇

민주주의와 책임감, 그리고 정의의 문제에 관심을 가지고
염려하는 전 세계 시민은 법 집행 문제에 대해
정확한 지식을 가져야 하며 정치 문제에
대해서도 깊이 관여할 필요가 있다.

◇·◇·◇·◇·◇·◇·◇·◇·◇·◇·◇

경찰력을 통제할 수 있는 적절한 방안의 모색

전통적으로 경찰조직이란 위계질서가 분명하며 어딘지 모르게 비밀스러운 조직이다. 경찰은 시의회나 의원들, 그리고 정부 각료들처럼 민주적으로 선출된 정치가 출신 지도층들과 쉽지 않은 관계를 이어가고 있다. 경찰조직과 경찰개혁의 역사는 '경찰을 경찰답게' 하려는 기나긴 노력의 역사였으며 법 집행의 우선권과 정책이 민주사회의 효용과 가치에 적합하도록 하기 위한 노력이었다. 이러한 개혁의 노력들은 종종 '시민의 감시'라는 깃발 아래 진행되기도 했다.

이러한 시민 감시의 원칙은 군과 군통수권자에 대한 이해관계를 통해 쉽게 설명할 수 있다. 민주사회의 시민들은 군인들과 군통수권자의 관계에 대해 잘 이해하고 있다. 군대를 전쟁에 투입하고 각종 재해나 평화유지 임무에 동원하는 일은 군 지휘사

령부의 소관이 아닌 민간인 정치가들의 결정이며 책임이며, 민간인 정치가들은 민주적인 선거를 통해 군 통수권자의 자리에 올라 핵심적인 결정을 내리는 것이다. 이것은 법을 만들고 집행하는 과정에서도 마찬가지여야 한다.

시민 감시의 원칙

그러나 시민 감시의 원칙은 경찰력에 대해서는 그렇게 쉽게 적용되지도 이해되지도 않는다. 미국과 캐나다 등의 국가에는 민간인 경찰업무 이사회나 경찰감독관 이사회와 같은 조직들이 있다. 이런 이사회에서는 보통 일반시민들과 선출된 경찰관들이 이사로 임명된다. 하지만 그들은 일반 도시의 경찰업무에만 관여할 수 있으며 국가 수준의 경찰업무에 대한 책임은 오직 민간인 출신의 정부장관이나 고위 관료만 가지고 있다. 이런 상황에서는 투명성을 기대하기 힘들다.

게다가 앞서 언급한 이사회 등도 그 역할이 아주 제한적인 경우가 많다. 일반적으로 민간인이 포함된 이사회가 하는 가장 중요한 일은 경찰서장을 임명하거나 아주 드물긴 하지만 파면하는 일이다. 일반적인 수준의 경찰업무 정책에 관여할 수도 있지만, 이는 실효성이 떨어진다. 경찰서장들은 마치 군대처럼 '자신들만의' 굳건한 세력의 보호를 받고 있고, 부하들은 자신들의 직속상관인 경찰서장의 명령만 듣기 때문이다.

예를 들어 1999년 캐나다 토론토에서는 한 진보적인 시의회 의원이 경찰업무 관련 이사회 이사로 일하다가 강제사임 압력을 받은 적이 있었다. 들리는 소문에 따르면 시에서 벌어진 시위가 한창 과격해져 폭력사태로까지 발전할 위험에 이르자 경찰이 군중을 강제해산시키기 위해 돌진할 준비를 하고 있었는데, 이때 시의원이 경찰에게 뭐라고 고함을 질렀다는 것이다. 이러한 행동은 경찰들이 행동강령이라고 부르는 서장의 지휘권을 침해하는 행동으로 비쳐졌다. 행동강령과 일반적인 업무 간의 기준은 때때로 경찰서장과 정치가들이 생각하는 것과 달리 모호할 때가 많다.

캐나다 토론토에서는 시의원들이 종종 경찰의 각종 업무에 세세하게 간섭하는데, 이는 비단 경찰업무뿐만 아니라 시의 다른 부서 직원들의 업무에서도 마찬가지이다. 경찰과 시 공무원, 시의회에서 일하는 기타 직원들은 이러한 시의원들의 간섭에 불만을 토로하며 때로는 시의원들의 지시를 무시하기도 한다. 하지만 시민이 선출한 의원들이 제기하는 비판에 대해 완전한 독립권을 주장할 수는 없다.

시의 고참 경관들은 심지어 '멈춰, 엎드려, 그리고 굴러stop, drop, and roll'라는 경찰용어를 빗대어 농담을 던지기도 했다. 시의원에게서 어떤 문의전화가 오면 무슨 일을 하고 있든 당장 하던 일을 멈추고 경찰차 안으로 엎드려 기어가 방해받지 않는 장소까지 차를 굴려야 한다는 뜻이다. 만일 이러한 간섭이 경찰서 안에서 벌어진다면 큰 반발과 고함소리가 경찰서를 가득 메울지도 모를 일이다.

경찰은 자신들의 내부 업무에 감시의 눈길을 들이대는 조직에 대해 그 일을 방해하는 기술을 숙지하고 있다. 예를 들어 토론토 경찰은 시의회에 예산 승인을 받을 때 평균적인 수치만 보고할 뿐 상세한 내역은 '요령 있게' 누락시킨다. 시의원이 자세한 예산내역을 요구해도 돌아오는 건 경찰의 내부 비밀을 외부에 누설할 수 없다는 대답뿐이다. 수사를 위해 비공식적으로 동원하는 외부 협력자들에게 지불되는 예산 등은 절대로 밝힐 수 없다는 것이다. 하지만 그런 외부인들의 명단이나 특별 작전에 소요된 내역을 밝히지 않고도 경찰은 자신들이 국민의 세금을 받아 어떻게 쓰고 있는지 더 많은 정보를 공개할 수 있다.

나는 몇 년 동안 토론토 경찰로부터 토론토 시내의 기마 순찰대를 유지하는 데 얼마만큼의 비용이 들어가는지에 대한 자료를 얻기 위해 노력해왔다. 지금은 눈과 얼음, 그리고 조밀하게 들어차 있는 건물들 때문에 기마 순찰대를 보유하고 있는 도시들이 거의 사라진 상태이지만 여하튼 이러한 정보들은 일반 대중에게는 쉽사리 공개되지 않으며, 나도 결국 정보를 얻을 수 없었다. 토론토 경찰서 본부 바로 옆에 위치한 국제 범죄학 연구소 소장인 나 역시도 말이다. 경찰 기마 순찰대의 상세한 경비내역과 그 밖에 정체를 알 수 없는 경찰 예산은 민주주의와 법치 제도에 비추어볼 때 좀처럼 이해가 되지 않는 부분이다.

현대 정부의 수많은 조직과 그 책임감, 그리고 여기에서 비롯되는 민주주의는 결국 예산이라는 구조적 장치를 통해 그 기능을 발휘하고 있다. 경찰을 포함한 정부 조직들은 예산을 편성하고 그것을 국회나 다른 정부의 관련 부서로부터 승인을 받아야만 한다. 그리고 그렇게 해서 책정된 예산을 어떻게 사용했는지 자세한 내역을 제출할 의무가 있다. 국민 또는 국민의 대표자에게 예산의 사용에 대한 허락을 구하고, 예산을 어떻게 사용했는지 보고하는 일은 정부의 각 조직들이 해야만 하는 가장 중요한 업무인 것이다. 역사적으로 볼 때 이것은 법치 제도를 지탱하는 근간임에 틀림없다. 이 문제는 민주주의와 정의의 구현과 깊은 상관관계가 있기 때문에 예산을 어떻게 배정하고 사용하느냐 하는 문제는 아무리 자세히 살펴도 과하지 않다.

남반구에 위치한 국가들의 재정적 부패상황은 경찰 내부에서도 커다란 문제로 대두되고 있다. 이러한 국가들에서는 경찰들이 법을 어긴 사람들에게서만 뇌물을 받는 것이 아니라 일반 사업가나 택시 운전기사, 길거리 행상인들, 심지어는 일반시민에게조차 아무 거리낌 없이 뇌물을 받아 챙기고 있다. 이러한 직접적이고 공개적인 부패상은 민주주의에 대한 심각한 장애물이다. 하지만 영국과 미국, 그리고 캐나다 같은 민주국가에서조차 경찰에 대한 직접적인 뇌물이 적지 않은 효과를 발휘할 때가 있다. 정말 행정의 투명성과 민주주의의 책임감은 완전히 이루어지기 힘든 일인가.

경찰과 무관한 독립적인 민원해결 기관의 필요성

경찰을 포함한 모든 관료체제는 개방성을 유지하기보다는 비밀스럽게 업무를 진행하려는 속성을 가지고 있다. 그리고 자신들이 책임지고 봉사해야 할 대상인 국민이나 행정 관련 의뢰인들의 편의보다는 자신들의 문제에만 더 깊이 관심을 갖기도 한다. 특히 검찰이나 경찰의 경우는 이러한 구조적 문제점이 '법과 질서'를 지키고 유지해야 할 당사자들에 의해 심화되고 있다는 데 문제가 있다. 정치가들이나 정부의 관료들조차 잘못을 저지르면 검찰이나 경찰의 심판을 기다려야 하기 때문이다. 그런 의미에서 볼 때 시민 감시체계는 경찰을 포함한 모든 정부 영역에 걸쳐 외부의 영향이나 입김에 흔들리지 않는 유일한 감시방안이 될 수도 있다.

최근에는 경찰의 인종차별적 성향이나 비리들에 대한 문제가 비교적 상세하게 밝혀지고 있지만 사실 이러한 조사와 보고서들은 일회성으로 그치는 경우가 많다. 예를 들어 영국에서 아무죄 없는 흑인 청년을 경찰이 사살한 스티븐 로렌스Stephen Law-rence 사건이 1999년 실시된 조사 결과 밝혀졌지만, 이러한 결과 보고서가 민주주의의 책임감에 대한 대안이나 근본 해결책이 될 수는 없다.

언론매체와 시민단체의 주목을 끌긴 하지만 일시적인 반향에 그치고 마는 또 다른 분야는 바로 시민들의 청원과 민원이 처리 되는 과정이다. 아주 최근까지도 영어권 국가의 일반 국민은 경찰과 부딪혀 발생한 민원들을 경찰에게 제기해야 하는 어처구니 없는 일을 당해야만 했다. 경찰과 관련된 문제를 경찰 스스로가 조사하기만을 바랄 수밖에 없는 것이다. 물론 이제는 이렇게 불공정하고 사리에 맞지 않는 방식은 사라져서 경찰의 권력 남용에 대해서는 특수기관에 민원을 제기하면 되지만, 이러한 특수기관이 경찰과 연계되지 않은 진정한 독립성을 보장받고 있는지는 장담할 수 없다.

북아메리카 지역에서는 독립적인 경찰 관련 민원기관들이 많이 있다. 그들 기관은 경찰과 관련된 민원을 접수하고 상황을 판단한다. 하지만 경찰에게 직접적인 질문을 하거나 관련 서류를 요구할 권리가 없기에 조사 과정 대부분을 경찰에 의뢰하고 있는 실정이다.

한편 영국은 역사적으로 볼 때 다른 나라들보다 경찰과 시민과의 관계가 더 돈독해서인지는 모르겠지만, 2004년에 완전히 독립된 경찰 관련 민원해결 기관을 설립했다. 이 기관은 독립적으로 민원을 조사하고 판결할 권리를 가지고 있다.

명칭이야 어떻게 불리든 영어권 국가에서 시행되고 있는 경찰 관련 민원기관의 한 가지 문제점은, 경찰조직은 언제든 원하기만 하면 이런 외부감사에 대해 방해를 할 수 있다는 것이다. 외부인들은 경찰 내부의 정보가 어떻게 수집되고 보관되는지, 어떤 정보를 남겨두는지 알 수 없을 뿐만 아니라, 경찰 내부에 대한 지식이 없기 때문에 정확히 어떤 질문을 던져야 하는지, 어떤 부분을 조사해야 하는지 확실히 알 수 없는 것이다.

따라서 독립적인 민원해결 기관에 대해 많은 국가들이 관심을 가지고 있고, 또 긍정적인 평가도 나오고 있지만, 좀 더 개혁적인 방법이 고안되지 않는다면 원래 의도했던 목적을 완전히 이룰 수는 없을 것이다. 더불어 사고가 발생한 이후에 민원을 제기하고 문제를 처리하기보다는 일상생활에서 민주적인 책임감이 근간이 되어 일이 진행되어야 할 것이다.

지역 공동체의 치안유지, 어떻게 할 것인가

약 20여 년 동안 전 세계의 경찰 관리자 계급과 정부 관료들은 '지역 공동체의 치안유지' 활동을 지지하는 목소리를 높여왔다. 그러나 이 말이 유행하게 된 이유는 사실 이 말에 특별한 뜻이 담겨 있지 않아서일지도 모른다. 마치 '자유'를 갈구하는 목소리처럼 말이다. 다시 말해서 현재 이 말은 곤란한 문제를 모면하고자 할 때 누구라도 편하게 가져다 쓸 수 있는 말이 되어버렸다.

지역 공동체 치안유지란 지역 공동체 치안유지를 위한 법 집행을 할 때 경찰과 지역이 함께 협조해야 한다는 뜻이다. 그러나 1997년 영국의 '범죄 및 무질서 대책법'의 지원을 받아 이루어진 애덤 크로포드의 공동협력에 대한 연구를 보면, 대부분의 경우 지역을 대표하는 위원들보다는 경찰에 더 큰 힘을 실어주고 있다. 경찰이 위원회의 위원 선정에 영향을 준다는 사실을 생각해보면, 이 연구 결과는 더욱 현실감 있게 다가온다.

경찰들은 종종 그들 스스로의 조사나 노력이 아니라 자신들과 지역을 이어주는 연결책들을 통해 지역에서 발생하는 불법 활동에 대한 정보를 수집하곤 한다. 따라서 지역 공동체 치안유지 계획을 확인해볼 때 핵심 쟁점은 지역 공동체가 공동체 자체에 지역의 치안유지 활동을 책임감 있게 할 수 있도록 힘을 실어주고 있느냐 아니냐 하는 것이다. 그렇지 않을 때 발생할 수 있는 문제는 두 가지가 있다.

첫 번째는 지역 공동체가 이름뿐인 활동을 하는 것으로 이 경우 지역의 치안유지 활동의 주도권이 지역 공동체보다는 경찰에 가 있는 것이 원인이 된다.

두 번째는 경찰이 지역 공동체에 새로운 정보만 조금 흘릴 뿐 기존 그대로 업무를 하는 것으로 이는 경찰이 상대하는 지역의 구성원에 따라 달라진다. 공동체에 구성원에 중산층 가정이나 사업가들이 많다면 경찰은 이들의 견해를 듣고 의견을 나누겠지만, 성매매 여성이나 노숙자, 청년실업자, 또는 불법 이민자들과 같은 사회의 소수 계층이 많다면 그들의 상황을 듣고 이해하려는 노력은 부족할 것이기 때문이다.

경찰이 상부의 명령에 따라 지역민과 소통을 하게 될 경우 그 대상은 자연스럽게 사업을 운영하는 자영업자들이나 중산층 가정들이 될 가능성이 높다. 이들 집단은 사회의 소수 계층보다 목소리가 크고 주장이 분명하며 더 조직화되고 잘 단결하기 때문에 경찰과 쉽게 협조관계를 만들어낼 수 있다. 그러나 이렇게 형성된 경찰과 지역 공동체 간의 협조관계는 이미 사회적·경제적으로 자리를 잡은 특정계층의 입장만을 대변하게 될 우려가 있다. 또한 경찰의 업무도 잘못된 방향으로 흐를 수 있다.

지역 공동체 치안유지 활동의 성공조건

때때로 법 집행에 관련된 업무는 의도된 계획이었든 우연이든 아예 지역 공동체 소관으로 넘어가는 경우가 있다. 이때 지역 공동체가 그 기능을 제대로 하지 못하거나 심각하게 분열되는 양상을 보인다면 그 지역에서는 경찰의 도움을 빌리지 않은 자체적인 치안유지 활동이 과연 가능할까? 아프리카 케냐의 수도 나이로비와 그 밖의 다른 지역에 대한 연구 결과를 살펴보면 공동체의 비공식적인 치안유지 노력이 어떠한 결과를 가져오는지는 대강 짐작해볼 수 있다.

나이로비 시내의 상인들은 범죄에 대한 염려로 지역 경찰에게 더 나은 협조와 지원을 약속했다. 상인조합에서 새 사륜구동 순찰차를 제공하겠다든지 더 높은 급료를 지불하겠다든지 하는 조건을 내건 것이다. 남반구 국가들의 경우를 살펴볼 때 경찰관들이 받는 낮은 급여가 곧 부패와 뇌물수수로 이어지기 때문에 어쩔 수 없는 선택이었다.

경찰업무와 관련된 이러한 협조 체계는 바로 효과를 나타내어 길거리 범죄 발생률을 낮추게 되었다. 하지만 이 효과는 자영업자들에게만 돌아갔을 뿐 일반시민에게까지는 미치지 못했다. 그리고 나이로비 시의회와 얽혀 있는 범죄 해결의 주도권 문제나 케냐 정부에 뿌리 깊이 박혀 있는 부패와 독단이라는 근본적인 문제를 해결하는 데도 아무런 도움이 되지 못했다.

케냐의 다른 지역 공동체들에서는 좀 더 다른 접근 방식을 택했다. 신뢰를 잃은 경찰을 대신해 자원봉사자들로 이루어진 이웃공동체 조직의 개념을 택한 것이다. 도시가 아닌 지방에도 범죄의 위험은 항상 존재한다. 2007년 케냐의 지역 범죄 연구보고서를 보면 이러한 내용이 잘 드러나 있다.

케냐의 어떤 지역에서는 가축 도둑을 가장 중요한 범죄로 생각한다. 그리고 1990년대 지역 공동체의 재산 지키기 노력은 케냐는 물론 이웃국가인 탄자니아로까지 확산되어 '숭구숭구 Sungusúnguz'라는 아프리카어로 알려진 자체적인 치안유지 집단이 생겨나게 되었다. 이들은 정식으로 체계화된 조직은 아니지만 가축 도난 같은 사건들을 예방했으며 그와 관련하여 가축 도둑을 추적하고 붙잡아 가두는 일까지 했다. 가축들이 안전해지자 만족해진 지역 주민들과 경찰들은 결국 이러한 비공식적 사법 제도를 인정하게 되었다.

그렇지만 범인들을 추적하고 체포할 때 물리적 힘을 가할 수 있는 권한을 갖게 되자 비공식 경찰처럼 행동했던 이 사람들의 태도가 달라졌다. 이들은 술에 취해 행패를 부리기도 하고 때로는 정당한 판결 과정 없이 붙잡은 용의자들을 그 자리에서 죽여 버리기도 했다. 또 제대로 통일된 지역 공동체의 부재로 내부문제도 발생하기 시작했다. 케냐의 지역 공동체란 사실 가족과 혈연관계를 중심으로 한 다소 덜 엄격한 조직이었던 것이다.

이러한 사례를 통해 볼 때 지역 공동체 치안유지 활동은 상대적으로 안전과 규율이 살아 있는 응집력 있는 공동체에 적합하다. 전쟁의 흔적이 남아 있다거나 공동체 안의 경쟁의식, 또는 인종청소의 과거가 있는 지역이라면 이런 지역 공동체 치안유지 활동은 제대로 적용되기 힘든 것이 사실이다.

민주적이며 책임감 있는 법 집행에 정답은 없다

남아프리카공화국에서는 인종차별 정책이 폐지된 이후 부패하고 무능력한 기존 경찰을 대체할 수 있는 새로운 경찰이 필요했다. 그래서 많은 지역 공동체 활동가들이 다양한 형태의 범죄 예방운동을 펼쳐왔으며 가난한 사람들이 사는 지역의 안전을 위해 노력을 기울여 크고 작은 성공을 거두었다.

남아프리카공화국의 수도 케이프타운에서 활동하고 있는 지역평화재단의 주요 활동은 주로 지역을 지키고 이웃 간의 문제를 해결해주는 일이다. 이들은 주로 자원봉사자로 구성되는데 특이한 점은 이들에게 일정 수준의 급여가 지불된다는 점이었다. 이는 비정부기구에서 활동하는 사람들도 일반적으로 급여를 받는다는 점에서 착안한 혁신적인 일이었다.

　경찰을 믿을 수 없거나 아예 경찰이 없다면, 이러한 활동이 시민들의 안전을 지켜준다는 발상은 어느 정도 타당성이 있다. 하지만 이는 지역 공동체가 충분히 단결되어 있고 의욕에 가득 차 있을 때에나 최고의 효과를 발휘하게 된다.

　단결과 신뢰만 있다면 사람들은 부패한 독재정권에도 맞서 싸울 수 있다. 이럴 경우 여기에 관련된 안전지킴이와 도우미들은 다른 사람들보다 더 공정하고 책임감 있게 행동한다. 또 이러한 공동체의 지도자는 독단적인 자경단이나 전횡을 일삼는 자체 치안조직은 아예 발붙일 곳이 없어야 한다는 확신을 가진 경우가 많다. 그렇지만 인종, 정치, 또는 혈연관계에 의해 공동체의 단결이 무너지고 분열될 경우 치안유지는커녕 더 큰 해악을 가져올 수 있으며 지역사회의 소수집단은 더 큰 배척과 차별을 겪게 될 수도 있다.

　따라서 민주적이며 책임감 있는 법 집행에 있어서는 한 가지 방법만을 고집해서는 안 된다. 조직의 비밀만을 중시하는, 정의와는 거리가 먼 경찰이라 할지라도 어떤 특정한 상황에서는 사람들에게 책임감 있는 도움을 줄 수 있는 것이다. 적어도 지역의 대표자들에게라도 그런 모습을 보이고자 노력할 수도 있다.

앞서 말했듯 아프리카의 케냐와 짐바브웨처럼 정부 자체가 부패하고 무능력해서 정당한 법 집행을 위한 경찰의 개혁이 이루어지지 않는 경우, 스스로의 안전을 지키기 위한 지역 공동체나 마을의 비공식적인 치안유지 활동은 경찰을 부르는 일보다 쉽고 편한 방법으로 여겨지기도 한다. 그러나 그 나름의 위험성, 즉 자신들에게 부여된 권력을 남용하게 될 위험성이 존재함을 잊어서는 안될 것이다.

민주시민의 정치 참여가 정의로운 사회를 만든다

저명한 치안문제 전문가 클리포드 쉐어링Clifford Shearing은 인종
차별정책이 폐지된 후 남아프리카공화국의 경찰개혁 문제에 대
해 핵심적인 역할을 했다. 그 경험을 바탕으로 그는 법 집행이
안고 있는 난감한 문제를 해결하는 최선의 방법은 치안유지를
위한 충분한 예산은 지원하되, 각각의 지역이나 도시 스스로가
자신들에게 적정하다고 생각하는 예산만 사용하는 것이라고 주
장했다.

만일 경찰이 지역 주민들의 신뢰에 대한 자신감이 있다면 그
들은 지역 주민들과 경찰 업무에 대해 계약을 맺고 업무를 시작
할 수 있을 것이다. 그러나 그런 관계가 깨지면 지역정부는 언
제라도 사설경비업체나 지역의 자원봉사 집단에게 급여를 지
불하고 고용할 수 있으며, 치안유지 목적에 맞게 각각의 부분에

다른 종류의 인력을 배치하는 실험도 해볼 수 있다.

이러한 접근방식에는 분명히 장점이 존재한다. 만일 경찰이 다른 유사집단과 경쟁을 하게 된다면 경찰 내부의 개혁이 가속화될 수 있는 계기가 마련될 것이고, 그렇게만 된다면 여러 가지로 문제점이 많은 시민 감시체계 같은 것은 더 이상 필요하지 않기 때문이다. 하지만 문제점은 역시 존재한다. 정부가 국민에게 민주적이며 책임감 있는 경찰력을 제공할 책임을 회피하기 시작하면, 국민이나 지역사회가 올바른 정치를 하려고 국가를 압박하고 서로 노력하는 일 자체가 사라지게 되며, 그렇게 되면 가난하고 형편이 어려운 지역의 주민들은 더 나쁜 환경으로 내몰리게 되는 것이다.

게다가 그렇지 않아도 경찰의 편견 어린 시선을 받아온 차별받는 소수집단들, 특히 유럽의 집시나 성매매 여성들, 남녀 동성애자들은 아예 발붙일 곳이 없게 되어버릴지도 모른다. 다시 말해 각 지역의 주류 집단들이 자기 지역의 안전을 위해 누구에게 안전문제를 맡길 것인지를 결정하는 동안, 소수집단들의 필요나 문제들은 묻혀버리고 결국 뿔뿔이 흩어져버리게 될지도 모른다. 예를 들어 자기 집을 소유한 중산층이 지역의 마약문제나 성매매 문제를 어떻게 처리할지에 대한 권한을 가지게 된다면, 마약문제나 성매매 문제에 대해서는 아마도 일반 경찰이 있을 때보다 더 큰 편견과 불의가 판을 칠 수도 있다.

지역 공동체의 치안유지 문제와 민주주의에 대한 연구에서 얻은 핵심적인 교훈은 서로 협조해야 할 경찰과 지역민 사이에 애초부터 갈등이 존재하고 있다는 사실이다. 때문에 최근 몇 십 년 동안 다양한 노력을 통해 좀 더 책임감 있는 체계가 만들어지기 시작했다. 영국의 경우 독립된 경찰 관련 민원위원회가 새롭게 설치되어 자체적인 치안유지에 대한 수많은 시도와 실험이 진행되고 있으며 그중 몇 가지는 아주 긍정적인 결과를 가져오기도 했다.

　안전 제공의 측면에서 한 단계 진보를 이룬 부분은 경찰에 대한 관리 문제뿐만이 아니다. 일반시민이 이 문제에 깊숙이 관여하기 시작한 것이다. 지금까지 시민들은 경찰의 관리 문제, 위기 상황이나 사건 발생시 경찰력 필요 여부에 대한 의사결정에만 관심을 가졌었다.

　1992년 미국 경찰이 로스앤젤리스에서 로드니 킹Rodney King이라는 한 흑인 청년을 구타했을 때, 시민들은 로스앤젤리스 경찰청의 내부문제에 엄청난 관심을 보였고, 특히 특정 인종에 대한 경찰들의 실제 대응방법에 관한 문제가 부각되었다.

　이 사건으로 로스앤젤리스 경찰청장이 교체되었고 반인종차별 훈련이 경찰들에게 새롭게 실시되기도 했다. 그러나 얼마 지나지 않아 이 사건에 열을 올리던 사람들은 이라크 전쟁이나 기타 다른 문제들로 관심을 돌렸고 경찰의 관리 문제는 신문의 지역문제 관련 지면에서도 우선순위에서 밀려나고 말았다.

민주국가의 국민은 일반적으로 배우고 토론해야 할 문제들을 아주 신중하게 고르는 편이며, 국민에게 안전한 치안을 제공하는 문제는 분명 아주 중요한 일이다. 하지만 우리의 관심은 종종 우파 정치인들과 경찰 수뇌부에 의해 다른 쪽으로 돌려지곤 한다. 우리를 둘러싸고 있는 일상의 안전문제에서 그저 범죄를 징벌하는 법의 문제로 그 관심을 옮기는 것이다.

우리는 더 강력한 법에 찬성표를 던지라는 권고를 받고 있다. 길이는 더 짧아지고 내용은 더 가혹해진 그런 법을 지지하며 범죄자들에게 엄격하지 못한 판사들을 예의주시하라는 이야기를 들으며 살고 있는 것이다. 그러나 정치가들이나 경찰 수뇌부는 치안문제에 대해 일반시민이 관여하는 것을 크게 원하지는 않는다. 대부분의 선진국에서 그러한 문제는 결국 경찰의 몫이라는 것이다.

만일 경찰업무가 제일 시급한 의제가 된다면, 그리고 시민에 의한 감시체계의 부재가 범죄 문제만큼 큰 문제로 부각된다면, 그것은 민주주의의 기반을 약화시키는 것이 아니라 법의 집행력과 권위를 더욱 강화시켜주는 특별한 움직임의 시작이 될 수 있을 것이다.

왜냐하면 경찰이 하는 업무는 고작해야 경찰 내의 부패 문제나 인종차별 문제가 불거졌을 때에나 크게 보도되고 알려질 뿐이라서 경찰 내부의 뇌물수수나 인종차별 문제가 근절되어도 우리가 지닌 민주주의의 부재라는 문제는 쉽게 사라지지 않기 때문이다. 즉, 우리가 반드시 주의를 기울여야 하는 보다 근본적이고 구조적인 문제는 따로 있다.

시민 감시체계는 그다지 매력적인 의제는 아니지만, 법치 제도를 구성하는 가장 중요한 부분임에 틀림없다. 민주주의와 책임감, 그리고 정의의 문제에 대해 관심을 가지고 염려하는 전 세계의 시민들은 법 집행 문제에 대해 정확한 지식을 가져야 하며 정치 문제에 대해서도 깊이 관여할 필요가 있다. 권력의 분명한 남용뿐만 아니라, 현재 진행 중인 문제에 대해서도 관심을 기울여야 하는 것이다. 나는 이 책이 사람들에게 그들이 정말 하기를 원하는 일에 대한 지식과 정보를 전달해줄 수 있기를 바랄 뿐이다.

테이저, 전기 충격총의 사용과 부작용

전 세계에서 테이저Taser, 즉 전기 충격총을 사용하는 경찰이 점점 늘어가고 있다. 여기서 이용되는 전기 충격총이란 긴 전선 끝에 화살이 달려 있어 발사되면 상대방의 몸에 꽂히게 되고, 그러면 전선을 통해 고압전류가 흘러 상대방에게 상처를 입히거나 죽이지 않고 무력화시키는 무기이다.

전기 충격총은 일반 총기류를 대체하기 위해 개발되었지만 술이나 마약에 취한 사람들에게 사용할 때에는 심각한 위험을 초래할 수도 있다. 하지만 아이러니하게도 마약이나 술에 취해 행패를 부리는 사람들에게 가장 빈번하게 사용되고 있다.

토론토 경찰서장 빌 블레어Bill Blair는 2006년 한 해에 경찰이 전기 충격총을 156차례 사용했으며 그중 9건을 제외한 147건 모두가 '상대방에게 정신적 문제가 있거나' 또는 '위기상황'이라고 판단되었을 때 사용했다고 발표했다. 오스트레일리아나 기타 다른 지역의 보고서에 따르더라도 전기 충격총은 술에 취한듯 보이거나 정신적으로 문제가 있어 보이는 사람, 마약 복용자로 보이는 사람들에게 가장 많이 사용되었음을 확인할 수 있다. 하지만 국제 인권단체인 엠네스티 인터내셔널의 조사에 따르면 전기 충격총 공격으로 사망한 98명 중 90퍼센트는 '비무장 상태에서 아무런 심각한 위협의 징후가 보이지 않았던' 사람들이었다고 한다.

문제는 또 있다. 권총과 달리 전기 충격총은 다양한 회사들에서 생산, 판매되고 있으며 경찰이 이런 회사들에게서 전기 충격총의 작동법을 훈련받는다는 사실이다. '테이저'라는 이름 또한 사실 전기 충격총만 독점적으로 제조하는 테이저 인터내셔널 주식회사 Taser International Inc의 상품명이기도 하다. 이런 회사들은 전기충격 무기의 판매와 그로 인한 매출 이익에만 관심이 있고 실제로 판매량도 아주 많다. 테이저 인터내셔널 주식회사에 따르면 전기충격 무기는 44개국에서 법 집행과 교정기관들에 의해 사용되며 군부대에도 1만 3천 400여 정이 지급되어 있다고 한다.

이러한 문제점을 최소화하기 위해 영국에서는 전기 충격총을 사용하는 일반 경찰의 수를 매우 제한하고 있으며 경찰이나 시민을 심각하게 위협하는 경우에만 일반 총기류 대신 사용하도록 하고 있다. 그렇지만 북아메리카 지역에서는 전기 충격총이 훨씬 더 널리 쓰이고 있다. 캐나다에서는 일반인이 전기 충격총을 구입해 사용하는 것이 금지되어 있지만, 미국의 대부분 주에서는 전기 충격총의 구입과 사용이 가능하다. 미국에서의 소매가격은 299달러이며 개인의 취향에 따라 다양한 색상이 구비되어 있다. 그 결과 2001년에서 2008년 사이 미국에서는 334명이 전기충격으로 사망한 반면, 캐나다에서는 25명이 사망했다.

2007년 10월 14일 폴란드 출신의 로베르토 드지칸스키Robert Dziekanski라는 사람이 캐나다 밴쿠버 공항에서 캐나다 경찰이 연속적으로 쏜 전기 충격총을 맞고 충격으로 사망했다. 사건의 발단은 그가 폴란드에서 장시간 비행기를 타고 와서 매우 피곤했고 영어를 한마디도 하지 못했기 때문에 어딘지 모르게 혼란스럽고 행동이 수상해 보였던 데 있다. 사건을 조사한 관계당국은 해당 경찰관이 전기 충격총을 사용하는 대신 좀 더 안전한 방법을 쓰는 것은 전혀 고려하지 않았음을 밝혀냈다. 제대로 된 통역만 데리고 왔어도 이 사건은 발생하지 않았을지도 모른다. 보안 카메라의 녹화화면을 판독한 결과 그 경찰관은 전혀 위험한 상황이 아니었음에도 전기 충격총을 사용한 것으로 밝혀졌다.

이 조사결과는 곧 국제적으로 널리 알려졌다. 전 브리티시 콜롬비아 주 판사 토마스 브레이드우드Thomas Braidwood는 2009년 7월 조사를 마치며 이렇게 결론을 내렸다. 전기 충격총을 사용하기 전에 전국에 적용될 수 있는 기준이 필요하며 경찰이 만족할 수 있는 '전기 충격총보다 덜 위험한 위기 해결 방법'이 준비되어야 한다는 것이다.

캐나다 방송공사는 2009년 8월, 테이저 인터내셔널 주식회사가 브레이드우드 판사의 권고에 대항하여 브리티시 콜롬비아 상급 법원에서 항의할 계획을 세웠다고 보도했다.

이 불행한 폴란드인 사건과 그와 유사한 사건들은 몇몇 국가의 경찰들에게 전기 충격총 사용에 대한 생각을 하게 만들었지만, 아직도 전기 충격총의 사용은 계속해서 증가하고 있으며 이는 많은 국가의 국민이 깊이 생각해봐야 할 문제라 할 수 있다.

법치에 관한 연대기표

기원전 27년	기원전 27년 로마의 아우구스투스 황제가 근위부대를 창설하다. 근위대는 로마 시내의 경찰 역할을 하며 강하고 인기 있는 황제는 지지하는 반면 반대의 경우에는 황제를 축출하곤 했다.
기원전 8세기	기원전 700년부터 현재까지 로마법은 유럽의 사법 제도에 큰 영향을 미치고 있다. 로마인들이 생각한 법에 대한 정의와 원칙은 오늘날까지 여전히 유효하다.
서기 534년	동로마제국의 유스티아누스 황제가 로마법을 재구성해 좀 더 간략하고 명확한 법조문을 만든다.
1100년	잉글랜드 국왕 헨리 1세가 문서로 된 대관식 헌장, 또는 자유헌장을 선포한다.
1215년	'마그나 카르타', 즉 '대헌장'이 선포된다. 대헌장은 현재 영어권 국가들의 헌법 원칙에 근간이 되는 헌장으로 일컬어지고 있다.
1698년	영국에서 명예혁명이 발발한다. 이 혁명으로 인해 영국은 국왕은 존재하지만 국민들이 만든 의회 위에 군림할 수 없다는 원칙을 수립하게 된다.
1776년	미국 독립선언문 발표.
1791년	미국 헌법 수정조항 제1조 발표. 언론의 자유를 강조한 수정조항이다.
1789년	프랑스대혁명 발발. 인간의 권리를 명시한 유럽 최초의 선언문 발표.
1804년	《나폴레옹 법전》 발표. 나폴레옹 법전은 중국과 영어권 국가들을 제외한 현재 세계 대부분 국가들의 사법체계의 근간을 이루고 있다.
1832년	로버트 필경이 영국 최초의 제복 경찰조직을 창설한다. 이들은 훗날 '보비'라는 애칭으로 알려진다.
1917년	러시아혁명 발발. 이로 인해 러시아에서 소비에트 연방이 탄생하고 공산당이 지배하는 일당 독재국가가 탄생한다.
1933년	아돌프 히틀러가 독일 총통 자리에 오른다. 히틀러는 이른바 제3제국을 선언하고 1919년 1차 세계대전 이후 탄생한 독일 바이마르 공화국 헌법이 보장하는 인권관련 법안 대부분의 효력을 정지시킨다. 또한 이 시기에 무소불위의 권력을 휘두르는 나치의 비밀경찰 게슈타포가 탄생한다.

1945~ 1946년	독일에서 '뉘른베르크 전범 재판'이 실시된다. 뉘른베르크 재판은 세계 최초로 열린 국제적인 전쟁범죄 관련 재판이었다.
1948년	국제연합의 세계인권선언문이 발표된다. 일개 국가의 수준이 아닌 범세계적인 수준에서 인간의 권리에 대해 명시한 세계 최초의 선언문이다. 국제연합은 비록 이런 선언문의 내용을 지킬 수 있는 국제경찰이나 국제 인권재판소는 창설하지 못했지만 인권 역사에 획기적인 사건으로 기록된다.
1954년	1954년 '브라운 대 토피카 교육위원회 재판'. 미국 대법원은 공립학교에서 흑인과 백인 학생을 분리시켜 교육시키는 주의 법이 평등한 교육권을 침해한다는 판결을 내린다. 이로서 미국 남부의 많은 학교들과 교육기관들에서는 서로 다른 인종 간의 통합 교육이 강제로 실시된다. 이 시기에 소비에트 연방에서는 KGB가 창설된다. KGB는 나치 독일의 게슈타포와 같은 비밀경찰로 1991년 소비에트 연방이 해체될 때까지 그 조직을 유지한다.
1973년	민주적 선거 절차를 걸쳐 선출된 칠레의 대통령 살바도르 아옌데(Salvador Allende)가 군사 쿠데타에 의해 축출된다. 그 당시 군부 지도자는 아우구스토 피노체트 장군(General Augusto Pinochet)으로 미국의 암묵적인 지원을 받아 쿠데타에 성공한다.
1989년	중국 천안문 사태 발생. 중국의 민주화를 요구하는 학생들이 베이징의 천안문에 모여들자 군부가 전차를 동원해 학생들을 유혈 진압한다.
1990년	남아프리카공화국의 흑인 지도자 넬슨 만델라가 감옥에서 풀려난다. 만델라는 이후 남아프리카공화국의 대통령으로 선출되어 다인종 민주주의 국가로 전환되는 기틀을 세운다.
1992년	오스트레일리아 대법원에서 이른바 마보재판에 대한 판결을 내린다. 마보재판이란 오스트레일리아의 원주민 출신 에디 마보(Eddie Mabo)의 소송으로, 영국인이 도착해서 식민지로 삼기 이전의 토지에 대한 원주민의 소유권을 인정한 재판이다.
2002년	국제형사재판소가 네덜란드 헤이그에 설치된다. 국제형사재판소는 집단살해죄, 전쟁범죄, 반인도적 범죄를 저지른 개인을 형사 처벌하기 위한 상설 국제법정이다.
2009년	국제형사재판소에서 수단의 독재자 오마르 알 바쉬르를 전쟁범죄와 반인도적 범죄혐의로 고발한다.
2010년	아이티 공화국에서 대규모 지진이 발생한다. 국제연합과 미국 및 세계 각국에서 수천 명의 군 병력이 파견되어 질서유지와 식량배급 임무를 담당한다. 아이티 공화국의 치안문제가 외국 군대에 의해 유지되는 문제에 대해 아이티 안팎에서 우려의 목소리가 커지고 있다.

참 고 문 헌

1장

- 발터 벤야민, 〈역사철학 논고〉, 《일루미네이션》 중에서. (뉴욕 베이직 북스, 한나 아렌트 편집. 1968)

2장

- 프란츠 카프카, 《심판》(뉴욕 첼시 하우스, 1987 p 2, 4)
- 《마그나카르타》 번역본. http://www.bl.uk/treasures/magnacarta

3장

- 넬슨 만델라 남아프리카공화국 전 대통령의 모든 연설문은 이곳에서 확인할 수 있다. http://www.anc.org.za/ancdocs/history/mandela/The Rivonia speech is under "1960"

4장

- 막스 베버, 〈정치와 의무〉, 《막스 베버》 중에서.(뉴욕 옥스퍼드 유니버시티 프

레스, 1952)
- 휴고 프뤼힐링, "남아메리카에서의 국제적 정치모형의 효과: 공동체 치안문제 연구"〈정치 연구 조사Policing Practice and Research〉제8호 제2장(2007년 5월 발간) pp. 125-144
- 마이클 터우시그, 《무법지대에서의 법Law in a Lawless Land》 (시카고: 시카고 유니버시티 프레스, 2003)
- 마크 버튼, 《사설 경비업Private Policing》(런던: 윌란, 2002)

5장

- 로널드 케슬러, 《수사국: FBI의 비밀 역사The Bureau: The Secret History of the FBI》(뉴욕: 세인트 마틴 프레스, 2002) 필립 젠킨스, 《살인의 이용: 연쇄 살인 사건의 사회적 재구성(sing Murder: The Social Construction of Serial Homicide》 (뉴욕: 그루이터, 1994)
- 애덤 크로포드와 스튜어트 리스터, 《분산된 군력의 효용과 그 효과The Use and Impact of Dispersal Orders》(리즈: 리즈 유니버시티 법 정의 연구 센터, 2007)
- 리처드 에릭슨, 《범죄 탄생: 수사 업무 연구Making Crime: A Study of Detective Work》(토론토: 토론토 유니버시티 프레스, 1993)
- 리처드 에릭슨과 케빈 해거티, 《위험에 빠진 사회 구하기Policing the Risk Society)》(토론토: 토론토 유니버시티 프레스, 1997)
- 제임스 윌슨과 조지 켈링, "깨진 유리창 수리하기"〈아틀란틱Atlantic Monthly〉 1982년 2월호, p. 324.

6장

- 줄리아 벅스턴, 《정치 경제적 관점으로 본 마취제 문제The Political Economy of Narcotics)》(런던: 제드, 2006)

- 콜레타 영거스와 엘린 로진 편집,《남아메리카의 마약과 민주주의: 미국 정책의 영향(Drugs and Democracy in Latin America: The Impact of US Policy)》(보울더: 린 라이너, 2005)
- 줄리아 벅스턴,《정치 경제적 관점으로 본 마취제 문제The Political Economy of Narcotics》(런던: 제드, 2006) p. 92, p. 107.
- 제임스 오스틴 외, "미국의 수감 문제 연구", 〈범죄학 연구Critical Criminology〉 제10호 제1장 (2001년 발간)
- 페티트와 웨스턴, "대량 수감사태와 생애 과정: 미국의 수감 문제에서 발생하는 인종과 계급차별 문제", 〈아메리칸 소셜러지 리뷰American Sociological Review〉 제69호(2004년 발간) p151-169.

7장

- 나오미 클레인, "경찰과 테이저 총: 쏘고 기절시켜라" 2008년 2월 11일 http://www.naomiklein.org/articles/2008/02/police-and-taser
- "테이저 총-그 잠재적 위험과 남용의 위험성" http://www.amnesty.org/en/news-and-updates/report/tasers-potentially-lethal-and-easy-abuse-20081216
- 연구보고서 〈위험하지 않다고? 미국 법 집행에서 전기충격 무기의 사용Less Than Lethal? The Use Of Stun Weapons in US Law Enforcement〉(엠네스티 인터내셔널, 2008년 12월) http://www.amnesty.org 참조
- "테이저 총에 대한 모든 것" CBC 뉴스. http://cbs.ca/canada/story/2009/03/18/f-taser-faq.html 참조
- "테이저 총에 대한 모든 것" CBC 뉴스.
- 애덤 크로포드,《범죄의 지역정치학: 지역 공동체와의 연관문제 연구The Local Governance of Crime: Appeals to Community and Partnerships》(옥스퍼드: 클래런던, 1997)
- 무투마 루트레와 마리-엠마뉴엘레 포메롤레, "민주화된 치안문제냐 아니면

권위의 분산화냐? 케냐의 지역 공동체 치안문제에 대한 그 모호성"〈아프리칸 어페어African Affairs〉 중에서. 2003년 제102호, p. 587-604.

- 수제테 힐드, "벨로우의 범죄 및 부패관리 문제: 케냐의 숭구숭구"〈인터내셔널 릴레이션International Relations〉 중에서. 2007년 제21호 제2장, pp. 83-199.
- 남아프리카공화국 내의 정치 및 치안문제에 대한 다양한 연구는 남아프리카공화국 케이프타운 대학교의 범죄학 연구소 웹사이트에서 확인할 수 있다. http://www.uct.ac.za/faculties/law/research/criminol/
- 레스 존스턴과 클리포트 쉐어링, 《치안문제 연구: 정치와 정의에의 탐구Governing Security: Explorations in Policing and Justice》(런던: 루틀리지, 2003) p. 114

참 고 사 이 트

www.amnesty.org

앰네스티 인터내셔널은 국가권력에 의해 투옥·구금되어 있는 각국의 정치사상범의 구제를 목적으로 민간에 의해 1961년에 성립된 세계 최대의 순수 민간 차원의 인권운동단체이다. 우리말로는 '국제사면위원회'라고 한다. 창립 계기는 영국 변호사인 피터 베네슨이 1961년 5월 28일자 옵서버지에 포르투갈에서 자유를 외치다 투옥된 학생들의 소식을 기고한 '잊혀진 수인'이란 칼럼을 본 자원자들이 영국, 프랑스, 독일, 미국 등 7개국에서 인권운동을 시작했고, 다음해 명칭을 앰네스티 인터내셔널로 정하고 본격적인 활동에 들어갔다. 앰네스티인터내셔널은 정치적·종교적, 또는 기타 양심에 입각한 신조 때문에 억압받거나 인종·피부색·언어·성 등의 이유로 억압받는 양심수의 석방과 인권보호를 위해 노력하고 있다. 전 세계 56개국에 지부가 있고 160여 개국에 160만 명 이상의 회원 및 지원자가 있다. 본부는 런던에 있다. 사면위는 독립성을 유지하기 위해 정부기관의 지원은 일절 받지 않고 회원의 회비로만 운영된다. 한국에는 1972년에 한국지부가 설립되어서 활동하고 있으며 가장 최근에는 2009년 11월 앰네스티 인터내셔널 최초의 여성 사무총장 아이린 칸이 자신의 저서 《들리지 않는 진실》의 한국 출간을 기념해 방한하였다.

hrw.org

휴먼라이츠와치. 미국에 본부가 있는 비정부 기구로 국제적인 인권문제 관련 단체이다. 최근에는 팔레스타인과 이스라엘 문제에 대해 한쪽으로 치우친 경향을 보임으로써 그 도덕성과 투명성에 오점을 남기기도 했다.

criminology.utoronto.ca:80/lib/

캐나다 토론토에 있는 토론토 대학교 산하 범죄학 연구소이다.

학생의 교양 시리즈 02

세상을 바꾸는 힘, 법치주의 이야기

초판 1쇄 발행　2011년 2월 3일
개정판 1쇄 발행　2016년 4월 14일

지은이 마리아나 발베르데
옮긴이 우진하

펴낸곳 (주)행성비
펴낸이 임태주

책임편집 박정화　**디자인** 정혜미　**마케팅** 김솔
기획위원 유재연 이종욱 윤경식 김국현 고근영 이탁렬

출판등록번호 제313-2010-208호
주소 서울시 마포구 토정로 222, 한국출판콘텐츠센터 318호
대표전화 02-326-5913　**팩스** 02-326-5917
이메일 hangseongb@naver.com　**홈페이지** www.planetb.co.kr

ISBN 978-89-97132-87-4(44300)
　　　　978-89-97132-85-0(set)

《행성B온다는 (주)행성비의 미래 세대를 위한 교양 브랜드입니다.